JOHN C. MAXWELL

LIDERE CON ÉTICA

LA REGLA DE ORO PARA TRIUNFAR EN LOS NEGOCIOS Y EN LA VIDA

TALLER DEL ÉXITO

Lidere con Ética

Título original: *There's No Such Thing As "Business Ethics"*

Publicado por:
Taller del Éxito, Inc.
1669 N.W. 144 Terrace, Suite 210
Sunrise, Florida 33323
Estados Unidos
www.tallerdelexito.com

Editorial dedicada a la difusión de libros y audiolibros de desarrollo y crecimiento personal, liderazgo y motivación.

Diseño de Carátula: Chrislian Daza
Diagramación: María Alexandra Rodríguez
Traducción: Sara Gómez Urbina
Director de arte: Diego Cruz

Printed in Colombia - Impreso en Colombia

ISBN-13: 978-1607386506

21 22 23 24 25 R | CB 18 17 16 15 14

Este libro está dedicado a ti, por tu compromiso para tomar decisiones y vivir una vida ética. Hacer lo correcto puede no siempre ser fácil, pero siempre es lo mejor.

Contenido

AGRADECIMIENTOS

Quiero agradecer a:
Charlie Wetzel, mi escritor,
Kathie Wheat, mi investigadora,
Step hanie Wetzel, mi editora
y Linda Eggers, mi asistente.

PREFACIO

Hace algunos meses tuve una cena en Nueva York con Laurence J. Kirshbaum, el presidente y director ejecutivo del grupo AOL Time Warner Book. A lo largo de nuestra conversación, en un punto, él me miró y me dijo: "Sabes John, pienso que tú eres la persona perfecta para esta labor: ¿Qué opinas acerca de escribir un libro sobre la ética en los negocios?".

"No existe tal cosa", le contesté.

¿Qué?, me miró un poco sorprendido por mi respuesta. "¿Qué quieres decir con eso?", preguntó.

"No existe eso de la ética en los negocios, solamente existe la ética. Las personas insisten en usar una ética para su vida profesional, otra para su vida espiritual y hasta otra para el hogar con su familia. Eso los pone en problemas. Ética es ética. Si deseas ser ético, vivirás tu vida con un estándar general para todas las áreas de la misma".

Los educadores, filósofos, teólogos y abogados han convertido un asunto realmente sencillo en un hecho algo confuso. Vivir una vida ética puede no siempre ser fácil, pero tampoco debe ser complicado. *Si estás leyendo estas palabras, creo que tienes el deseo de vivir y trabajar de manera ética. El objetivo de este libro es ayudarte a encontrar la manera de hacerlo y alcanzar un gran éxito.*

CAPÍTULO UNO

¿QUÉ PASÓ CON LA ÉTICA LABORAL?

En Noviembre 8 del 2001, la gente se impresionó cuando una de las compañías más grandes en los años 90, Enron, admitió usar prácticas contables que le permitieron inflar sus ingresos en $586 millones de dólares en un periodo de cuatro años. En menos de un mes, Enron ingresó a las filas de la bancarrota del Capítulo 11 de la Ley de quiebras de Estados Unidos y, a comienzos del 2002, el Departamento de Justicia inició una investigación criminal sobre las prácticas de la empresa. Los investigadores querían determinar cuántos ejecutivos conocían el estado de la compañía, ya que estos habían sugerido a sus empleados que mantuvieran sus acciones, pero vendieron más de un billón de las de su propiedad. La compañía se fue a pique, los ahorros de jubilación de los empleados fueron eliminados y millones de inversionistas perdieron en total más de $60 billones de dólares. Los inversionistas estaban sorprendidos. Y entonces, aparecieron las preguntas: *¿cómo pudo suceder algo así?, ¿por qué sucedió?, ¿quién permitió que sucediera?*

Unos pocos meses después, en marzo 27 de 2002, creció el círculo de personas hablando de ética cuando la compañía de cable más grande del país, Adelphia Communications, anunció que también tenía problemas financieros. Su fundador, John Rigas, junto con sus hijos Timothy, Michael y James, fueron acusados de utilizar las ganancias de la empresa como garantía para préstamos por $3,1 billones de dólares para hacer compras personales y financiar proyectos familiares. Después de remover a los Rigas, la compañía reafirmó sus ganancias y, más tarde, se declaró en el capítulo 11 de bancarrota. El valor de sus acciones se desplomó. En junio 3 de 2002, Adelphia fue borrada de las listas de NASDAQ. Entonces, más personas empezaron a preocuparse acerca de la ética laboral y se preguntaban: *¿qué clase de personas hacen tales cosas?, ¿cómo puede suceder algo así?, ¿puede volver a suceder?*

Ese mismo día, Dennis Kozlowski, el presidente de Tyco, fue acusado por el Fiscal de distrito de Manhattan en Nueva York, por evadir un millón de dólares en impuestos sobre las ventas de obras de arte y otros artículos que había comprado para sí mismo con fondos de la compañía. Mientras los investigadores estudiaban más a fondo las acciones de Kozlowski, alegaron que él y otros dos ejecutivos de Tyco habían robado $600 millones de la compañía. La preocupación sobre las prácticas privadas deshonestas en los negocios se estaba convirtiendo en un asunto público.

Más tarde, ese mismo mes, la revista *Time* lo declaró como "el verano de la desconfianza" e informo que "la mayoría de los estadounidenses, el 72%, según una encuesta de la revista junto con CNN, temían que no fueran casos aislados sino un patrón de engaño de un gran número de compañías". Y eso fue antes de que se corriera la voz acerca de WorldCom, quien anunció que una auditoría interna descubrió procedimientos contables inadecuados. ¡Sus ganancias desde el año 2000 hasta el 2002 habían sido exageradas en $7,1 billones! Y WorldCom dijo que los $3,8 billones reportados en gastos durante cinco trimestres eran incorrectos. Las consecuencias: 17.000 trabajadores perdieron sus trabajos, WorldCom corrigió sus resultados financieros (borrando todas las ganancias durante esos trimestres) y el valor de las acciones cayó un 75%. Las preguntas en la mente de las personas aumentaban: *¿por qué sucede esto?, ¿cómo es que hay tantas compañías deshonestas?, ¿qué pasó con la ética laboral?*

¡CONTRAGOLPE!

La mayoría de las personas están enojadas con el nivel de ética en los Estados Unidos. Están sufriendo por la falta de honradez y relaciones poco éticas. El profesor de contabilidad Brett Trueman de la Universidad de Berkeley, quien enseña en la Escuela de negocios Haas, señaló: "Esta es la razón por la cual el mercado continua disminuyendo cada día, los inversionistas no saben en quién confiar. A medida que se conocen estas situaciones, la desconfianza aumenta".

Por supuesto, estos problemas no se limitan únicamente al mundo de los negocios. La población esta horrorizada con los abusos ocurridos en la Iglesia católica y cómo tales incidentes fueron cubiertos. Muchos se sorprendieron con los reportes acerca del profesor de historia, Stephen Ambrose, ganador del premio Pulitzer, quien plagió pasajes del historiador Thomas Childers para su libro *The Wild Blue*. Y aquellos que vieron los Juegos Olímpicos de la ciudad de Salt Lake se indignaron al ver que un juez de patinaje artístico afirmó que su decisión había sido coaccionada, alterando entonces el resultado del concurso de patinaje en parejas.

Cuando el encuestador George Barna les preguntó a las personas si tenían "confianza plena" en que los líderes de diferentes profesiones "continuamente toman decisiones laborales moralmente correctas", los resultados fueron abismales:

Tipo de líder	**Porcentaje total de confianza por parte del público**
Ejecutivos de grandes corporaciones	3%
Oficiales electos del Gobierno	3%
Productores, directores y escritores de cine y TV	3%
Reporteros de noticias y periodistas	5%
Dueños de pequeñas empresas	8%
Ministros, sacerdotes y clero	11%
Profesores	14%

Es revelador que, aun para los líderes más confiados (los profesores), seis de cada sietes personas no están dispuestas a darles su confianza total.

EL DILEMA ÉTICO

Nuestra indignación se convierte ahora en una discusión. La gente desea saber: ¿por qué tenemos ese lamentable nivel de ética? Sin embargo, existen muchas posibles respuestas a esa pregunta. Yo creo que, cuando las personas hacen elecciones deshonestas, lo hacen por una de las tres razones siguientes:

1. Hacemos lo que es más conveniente

Un dilema ético puede definirse como una elección indeseable o no placentera relacionada con un principio o práctica moral.

Un dilema ético puede definirse como una elección indeseable o no placentera relacionada con un principio o práctica moral. ¿Qué hacemos en tales situaciones? ¿Tomamos la vía fácil o la vía correcta? Por ejemplo, ¿qué debo hacer cuando un vendedor me entrega más dinero de cambio?, ¿qué debo decir cuando una mentira conveniente puede cubrirme un error?, ¿qué tan lejos debo llegar en las promesas que hago para ganarme un cliente?

Como seres humanos, estamos propensos a fallar en las pruebas de ética personal. ¿Por qué hacemos algo aunque sepamos que está mal?, ¿acaso hacemos trampa porque pensamos que no seremos atrapados?, ¿nos permitimos tomar atajos porque razonamos que esto sucederá solo por una vez?, ¿es esta nuestra forma de lidiar con la presión?

2. Hacemos lo que debemos para ganar

Pienso que la mayoría de las personas son como yo. ¡Odian perder! La gente de negocios, en particular, desea ganar a través de logros y éxito. Pero muchas piensan que deben elegir entre ser éticos y ganar.

El diario *Atlanta Business Chronicle* informó que un grupo de ejecutivos directores de una compañía ubicada en Atlanta se reunió para sostener una lluvia de ideas relacionadas con la conferencia nacional de tres días a la cual asistirían varios miles de empleados. A medida que el equipo compartía ideas para las diferentes sesiones, una vicepresidenta *senior* de la corporación sugirió entusiastamente: "¿por qué no hablamos un poco de ética?".

Eso fue como si alguien hubiera fallecido. El salón quedó totalmente en silencio. Luego de un momento de incomodidad, la discusión continúo como si la vicepresidenta nunca hubiera dicho una sola palabra. Ella estaba tan sorprendida con la reacción de los demás, que simplemente permitió que la idea se fuera al piso.

Más tarde, ese mismo día, se encontró con el presidente de la compañía y le habló de su idea de que el tema de la ética debía ser abordado en la conferencia. Esperaba que él estuviera de acuerdo sin ninguna reserva, pero, por el contrario, le respondió: "Estoy seguro de que todos están de acuerdo en que es un tema importante. Pero hay un tiempo y lugar para cada cosa. La reunión de ventas se supone que debe ser optimista y motivadora y la ética es un tema demasiado negativo".

Ese presidente no está solo en su opinión acerca de la ética. Muchos están de acuerdo en que abordar

> *Muchos creen que tener ética limitará sus opciones, sus oportunidades, su alta habilidad para tener éxito en los negocios.*

el tema limitará sus opiniones, sus oportunidades y su habilidad para tener éxito en los negocios. Es la vieja presunción de que los tipos buenos siempre terminan de últimos. Ellos están de acuerdo con el profesor de Historia de Harvard, Henry Adams, quien afirmó: "La moralidad es un lujo privado y costoso". Irónicamente, en la cultura actual en donde hay un alto endeudamiento y egocentrismo, ¡la ética es el *único* lujo que algunas personas descartan para su vida!

Si supuestamente existen solamente dos alternativas: (1) ganar haciendo lo que sea necesario aun si es deshonesto o (2) tener ética y perder, entonces estoy enfrentando un dilema ético real. Pocas personas eligen ser deshonestas, pero nadie quiere perder.

3. Justificamos nuestras opciones con relatividad

Varias personas optan por hacer frente a situaciones sin salida decidiendo lo que es correcto en el momento, en función de sus circunstancias. Esa es una idea que ganó credibilidad a principios de los años 60 cuando el Dr. Joseph Fletcher, decano de la Catedral de San Pablo en Cincinnati, Ohio, publicó un libro llamado *Situation Ethics (Éticas de situación)*, en el cual declaró que el amor es el único estándar viable para diferenciar el bien del mal. La Fundación de liderazgo ejecutivo afirma:

> De acuerdo con Fletcher, el bien está determinado por la situación y el amor puede justificar cualquier acción como mentir, engañar, robar... y aún, asesinar. Esta filosofía, entonces, fue difundida rápidamente a través de los mundos teológico y educativo. Desde los años 60, la ética de situación se ha convertido en la norma de nuestro comportamiento social. Después de difundirse por los mundos teológico, educativo y gubernamental, ha penetrado en una nueva área: el mundo de los negocios. El resultado de esto es nuestra situación ética actual.

El resultado es el caos ético. Cada persona tiene sus propios estándares, los cuales varían de situación en situación. Y esa es la posición recomendada para cada persona. Un curso llamado *La ética de la gerencia corporativa,* ofrecido por la Universidad de Michigan, dice en su descripción: "Este curso no se ocupa de las cuestiones morales personales de honestidad y veracidad. Se supone que los estudiantes de esta universidad ya han *formado sus propias normas sobre estos asuntos*".

Así, cualquier cosa que alguien use como estándar está bien. Para empeorar esta situación, existe la inclinación natural de cada ser humano a ser blando consigo mismo, a juzgarse a sí mismo de acuerdo con sus buenas intenciones, mientras que a los demás los miden con un estándar más alto y los juzgan por sus peores acciones. Si alguna vez nuestras decisiones se basaron en la ética, ahora la ética se basa en nuestras decisiones. Si es bueno para mí, entonces es bueno. ¿Dónde terminará esta tendencia?

UN CAMBIO EN LA DIRECCIÓN DEL VIENTO

Afortunadamente, existe un incremento en el deseo de un manejo ético en los negocios. Los reclutadores ejecutivos de personal Heidrick & Struggles afirman: "En una nueva era para los negocios, los presidentes de corporaciones se enfrentan a un nuevo mandato. El glamour y el brillo están pasados de moda. La transparencia, en términos de ética, valores y metas, está de moda". Mi amigo Bruce Dingman, presidente de la firma de consultorías gerenciales R.W. Dingman, está de acuerdo con tal afirmación y en un correo electrónico que me envió recientemente me escribió:

> Pensé que te gustaría saber lo que estamos viendo en el mercado. Los cambios en los valores o estrategias corporativas a menudo se reflejan en lo que nuestros clientes dicen buscar en sus candi-

datos [...] Sí, todavía quieren ejecutivos clave que puedan hacer el dinero de la compañía, que estén dispuestos a tomar decisiones difíciles y a formar un equipo de dirección. Pero ahora hay una fuerte preocupación por la integridad, por no jugar tan cerca de la orilla de la ética, por tomar una visión a largo plazo en las estrategias y fijar metas mucho más realistas y más conservadoras.

Jeremy Farmer, un reclutador de personal experimentado del Bank One de Chicago, dice que él y sus colegas están tomando en cuenta la ética en gran medida cuando buscan empleados potenciales: "Estamos haciendo preguntas de tipo ético y entrevistas de tipo comportamental".

Es bueno saber que existe un deseo para cambiar con respecto a la ética en nuestra cultura. La mala noticia es que la mayoría de la gente no sabe cómo hacer esa transición. Su situación es similar a la de un grupo de pasajeros, en una broma tonta que escuché hace muchos años. La gente estaba viajando en un avión durante un vuelo de travesía. Después de casi dos horas de su vuelo, escucharon una voz que decía por el altoparlante: "Este es su piloto. Estamos volando actualmente a 35.000 pies de altura y a una velocidad del aire de 700 nudos. Tenemos una mala noticia y una buena noticia. La mala noticia es que estamos perdidos. La buena noticia es que vamos puntuales".

ALGUNAS SOLUCIONES ACTUALES DEL MERCADO

Si observas lo que sucede en el mercado, verás que, aunque deseemos honestidad y negocios transparentes, aun no estamos ganando la batalla de la ética. Observa cómo la gente en nuestra cultura está intentando direccionar el problema. Ellos...

Enseñan ética remedial

Cuando las universidades admiten estudiantes que no entienden el álgebra simple, los envían a cursos remediales de matemáticas. De acuerdo con Joan Ryan, columnista del diario *San Francisco Chronicle*, los negocios están adoptando ese mismo enfoque. Están obligando a sus empleados a tomar clases de ética remedial. Las empresas están contratando firmas que ofrecen clases en línea de ética y asesores para que produzcan grandes manuales de ética que, según Ryan: "A menudo se leen como grandes libros con códigos de impuestos, con lagunas y letra pequeña". Esto no está ayudando. Lo peor de todo es que el deseo de tales compañías no es hacer de su negocio un negocio más ético. Ryan asegura que "se trata de evadir penalidades. Bajo las pautas federales, las empresas que tienen programas de ética son más propensas a ganar la reducción de sus multas si son declaradas culpables de mala conducta".

Realizan un espulgado en ética

Otro enfoque es "llevar a tratamiento" a los delincuentes éticos cuando estos son atrapados. El asesor gerencial Frank J. Navran lo llama "espulgado en ética". El problema con esta perspectiva es que es tan efectivo como un insecticida contra pulgas cuando el ambiente del perro no ha cambiado. Las pulgas regresan de nuevo. Si el ambiente, el sistema y las metas de una organización promueven y recompensan el comportamiento deshonesto, entonces simplemente direccionar las acciones individuales de los empleados no mejorará la situación.

Confían en la ley

Algunas empresas se han rendido totalmente tratando de entender qué es la ética y en su lugar están usando lo que es legal como su estándar para la toma de decisiones. El resultado es una bancarrota moral. Cuando, a Kevin Rollings, presidente de Dell Computer Corporation, le preguntaron acerca del rol de la ética en los negocios, él parafraseó al disidente Ruso Aleksandr Solzhenitsyn, quien dijo: "He vivido mi vida en una sociedad en la que no existe el estado de derecho y esa es una terrible existencia. Pero una sociedad donde el imperio de la ley es la única norma de conducta ética es igual de malo". Rollings afirma: "Solzhenitsyn dijo que si los Estados Unidos solo aspira al estándar legal para la excelencia moral, no habremos entendido nada. El hombre puede hacerlo mejor. Pienso que fue un buen comentario sobre la ética para empresas que dice: "Bueno, legalmente estaba bien". Creemos que debes aspirar a algo más alto de lo que es legal. ¿Está bien lo que estás haciendo?".

ESTA VEZ ES PERSONAL

Uno de nuestros problemas es que la ética no es un tema de negocios o un tema social o político. Siempre es un tema personal. Las personas dicen que desean integridad, pero al mismo tiempo, irónicamente, los estudios indican que la mayoría de la gente no siempre actúa con la integridad que espera de los demás. Entre estudiantes de universidad, el 84% cree que Estados Unidos está experimentando una crisis laboral y el 77% cree que los presidentes deben ser considerados responsables de esto. Sin embargo, el 59% admiten haber hecho trampa en una evaluación. En el lugar de trabajo, el 43% de las personas admiten haber participado en, al menos, un acto deshonesto durante el último año, y el 75% han observado ese acto y no han hecho nada al respecto.

La misma persona que hace trampa en sus impuestos o roba implementos de oficina desea honestidad e integridad de la corporación cuyas acciones compra, del político por quién vota y del cliente con quien negocia en su propia empresa.

La misma persona que hace trampa en sus impuestos o roba implementos de oficina desea honestidad e integridad de la corporación cuyas acciones compra, del político por quién vota y del cliente con quien negocia en su propia empresa.

Es fácil *hablar* de la ética e incluso más fácil estar *disgustado* con la gente que no pasa el examen de ética, especialmente cuando hemos sido afectados por el mal comportamiento de otros. Es más difícil tomar decisiones éticas en nuestras propias vidas. Cuando nos enfrentamos con elecciones poco placenteras, ¿qué vamos a hacer? En los años 80 el expresidente Ronald Reagan bromeó diciendo que, cuando se trata de la economía: ¡es una recesión cuando tu vecino pierde su trabajo, pero es una depresión cuando pierdes el tuyo! La ética es similar. Siempre es más difícil cuando uno es el que tiene que tomar la decisión.

ÉTICA EN POCAS PALABRAS

Quiero ser ético y creo que tú también. Así mismo, sé que es realmente posible hacer lo correcto y tener éxito en los negocios. De hecho, de acuerdo con el Centro de recursos éticos en Washington D.C., las compañías que están dedicadas a hacer lo correcto, que tienen un compromiso escrito hacia la responsabilidad social y actúan en esto constantemente, son más rentables que aquellas que no lo hacen. James

> *Las compañías que están dedicadas a hacer lo correcto, que tienen un compromiso escrito hacia la responsabilidad social y actúan en esto constantemente, son más rentables que aquellas que no lo hacen.*

Burk, presidente de Johnson & Johnson, dice: "Si usted invirtió $30.000 en una composición del Dow Jones hace treinta años, hoy tendrá un valor de $134.000. Si usted invirtió esos $30.000 en una de estas firmas social y éticamente responsables ($2.000 dólares de cada 15.000 se irán para costear el estudio), hoy su rendimiento superaría un millón de dólares".

Si usted adopta un comportamiento ético, ¿se convertirá automáticamente en una persona rica y exitosa? Por supuesto que no. ¿Puede entonces servir de preparación para el camino que lo convertirá en una persona exitosa? ¡Absolutamente! *Ética + Competencia* es la ecuación ganadora. Por el contrario, las personas que intentan continuamente pasar el límite de la ética inevitablemente caen en el abismo. Los caminos fáciles no valen la pena a largo plazo. Puede ser posible engañar a las personas por una temporada, pero, a largo plazo, los actos saldrán a la luz, debido a que la verdad siempre lo hace. En el corto plazo, comportarse honestamente puede parecer una pérdida (así como uno *puede temporalmente triunfar* por comportarse de forma deshonesta). Sin embargo, a largo plazo, la gente *siempre pierde* cuando vive sin ética. ¿Ha conocido alguna vez a alguien que viva una vida de atajos, decepción, trampa y que haya terminado bien?

El Rey Salomón de la antigua Israel, conocido como el hombre más sabio de todos los tiempos, lo dijo de esta manera:

> El camino de los justos es como la primera luz del amanecer, que brilla cada vez más hasta que el día alcanza todo su esplendor. Pero el camino de los perversos es como la más densa oscuridad; ni siquiera saben con qué tropiezan.

El abogado representante de Estados Unidos y defensor de los Derechos educativos, Jabez L. M. Curry, afirmó: "Para prosperar, un Estado debe construirse sobre bases de carácter moral, y este carácter es el elemento principal de su fortaleza y la única garantía de su permanencia y prosperidad". Lo mismo puede aplicarse para los negocios o a la familia o a cualquier esfuerzo que quieras ver crecer y perdurar. Sin embargo, la base no puede ser construida por la organización como un todo, debe ser construida empezando con cada individuo. Y debe realizarse de cara a una presión continua para hacerlo a expensas de hacer lo correcto.

¿Cómo sabes qué es lo correcto? ¿Cómo navegas a través de las situaciones más difíciles y de alta tensión?

¿En dónde puedes encontrar un estándar que funcione para todas las situaciones, una guía que te permita dormir bien durante la noche, prosperar en los negocios, mejorar tu matrimonio y tener la confianza de estar haciendo todo lo que puedes en cada situación? Te ofrezco lo que creo que es la mejor respuesta en el próximo capítulo.

PREGUNTAS DE DISCUSIÓN

1. ¿Cuándo piensas en la ética, cuál es tu reacción instintiva? ¿Es positiva o negativa? ¿Es algo que esperas pensar, discutir y aplicar a su vida? ¿En el fondo, piensas que una persona puede ser ética y aun así ganar? Explica.

2. ¿Usas un juego de estándares de comportamiento para todas las áreas de tu vida o usas varios estándares dependiendo de dónde te encuentras, con quién estás o que estás haciendo? ¿Eres esencialmente la misma persona usando los mismos estándares en el trabajo y en el hogar, con clientes y con los miembros de la familia, mientras juegas balón o ayudas en la iglesia? ¿Crees que es posible y deseable usar un solo estándar en cada área de la vida? Explica.

3. Piensa en alguien en quien confíes plenamente (si no se te ocurre alguien, evalúa por qué te rehúsas a confiar en la gente). Ahora, piensa por qué confías en él o ella. Haz una lista de cualidades que describan a esa persona.

4. ¿Cuál es tu guía de ética? Descríbela.

CAPÍTULO

DOS

¿Por qué esta regla es de oro?

¿Cómo te calificas a ti mismo cuando se trata de ética? El profesor alemán de relaciones laborales y clérigo, William J.H. Boetcker, observó: "Los hombres deben ser honestos con ellos mismos antes de poder ser honestos con los demás. Un hombre que no es honesto con él mismo es un caso perdido". Yo creo que todas las personas pueden ser clasificadas utilizando las siguientes cinco afirmaciones.

1. Siempre soy ético.
2. La mayoría de veces soy ético.
3. Soy algo ético.
4. Rara vez soy ético.
5. Nunca soy ético.

¿Cuál aplica mejor para ti? Haz una pausa para reflexionar. Luego, continúa seleccionando la opción que mejor te describa.

CUESTIONES ÉTICAS

Ahora que has reflexionado un poco, a continuación te presento unas observaciones que quiero compartir contigo acerca de cómo la gente ve la ética:

1. La mayoría de las personas se ubican en la primera o segunda categoría. La mayoría de nosotros intenta ser ético la mayor parte del tiempo.

2. La mayoría de la gente que se ubica en la segunda categoría lo hace por conveniencia personal. El conflicto es inconveniente. Practicar la disciplina es inconveniente. Perder es inconveniente. Pagar un alto precio por el éxito es inconveniente. Algunas personas de esta categoría están aquí porque no desean hacer frente a esos inconvenientes.

3. La mayoría de las personas piensa que ser "mayormente ético" está bien, a menos que esté en el lado perdedor, donde se termina la ética.

4. Una regla puede ayudar a mover a las personas de "mayormente éticos" a "siempre éticos" y cerrar el vacío entre las dos primeras categorías.

En el prefacio de este libro, mencioné que los educadores, filósofos, teólogos y abogados han convertido la ética en un asunto supremamente complejo. La mayoría de las personas ha sido influenciada por la visión de esos "expertos". Para evidenciar lo anterior, presta atención a tu reacción acerca de lo que te voy a decir: yo creo que eres capaz de usar una guía para dirigir la toma de todas sus decisiones éticamente. Esto basado en la regla de oro.

Yo creo que eres capaz de usar una guía para dirigir la toma de todas tus decisiones éticamente. Esto basado en la regla de oro.

¿Te parece cómico?, ¿estás escéptico?, ¿piensas descartar mi afirmación? Si es así, entonces estás atrapado en el pantano del pensamiento moderno acerca de la ética. Me gustaría pedirte que me tengas paciencia a medida que explico la tesis de este libro:

Hacernos la siguiente pregunta como una guía hacia la integridad en *cualquier* situación: "¿cómo me gustaría ser tratado en esta situación?".

Ahora, permíteme explicarte por qué creo que la regla de oro puede convertirse en tu estrella del norte cuando se trata de navegación ética.

UNA REGLA PARA TODO EL MUNDO

Una de las personas que ha sido mi mentor en liderazgo es Fred Smith, fundador de Federal Express. Un día, mientras almorzábamos, hace más de una década, llegamos a hablar de ética y discutimos la regla de oro.

"Tú sabes", dijo Fred, "que una versión de la regla de oro existe para cada cultura".

Esa afirmación quedó grabada en mí. En la cultura relativista actual de los Estados Unidos, en donde cada uno quiere usar diferentes estándares y en donde cada situación requiere un código único de conducta, es prometedor esperar que personas de todas las culturas que deseen vivir éticamente puedan ponerse de acuerdo en un solo estándar. Observa los resultados de investigaciones que muestran cuántas variaciones de la regla de oro existen:

Cristianismo: "Haz a los demás todo lo que quieras que te hagan a ti".

Islam: "Ninguno es un creyente si no ama a su vecino como se ama a sí mismo".

Judaísmo: "Lo que odias no lo hagas al prójimo. Esta es toda la ley, lo demás es comentario".

Budismo: "No hieras a los demás con lo que te hiere a ti".

Hinduismo: "Esta es la suma del deber: no hagas a los demás lo que no quisieras para ti".

Zoroastrianismo: "Cualquier cosa que sea desagradable para ti, no la hagas a los demás".

Confucianismo: "Lo que no deseas para ti mismo, no lo hagas a los demás".

Bahai: "Y si tus ojos están vueltos hacia la justicia, elige para tu prójimo lo que elegirías para ti".

Jainismo: "Un hombre debe tratar a todas las criaturas como él mismo sería tratado".

Proverbio Yoruba (Nigeria): "Si alguno va a tomar una vara para pellizcar un pájaro bebé, debe primero probar en sí mismo para sentir cómo duele".

Existen únicamente dos aspectos importantes cuando se trata de la ética. El primero es un estándar a seguir. El segundo es la voluntad para seguirlo.

Es claro entonces que la regla de oro traspasa todas las fronteras culturales y religiosas y es adoptada por gente de casi todas las regiones del mundo. Es lo más cercano a una directriz universal para la ética que una persona puede encontrar. Existen únicamente dos aspectos importantes cuando se trata de la ética. El primero es un estándar a seguir. El segundo es la voluntad para seguirlo. El Instituto de Ética Josephson, una organización no partidista sin ánimo de lucro que existe para mejorar la calidad ética de nuestra sociedad, afirma lo correcto cuando dice: "La ética se trata de cómo aceptamos el desafío de hacer lo correcto cuando esto cuesta más de lo que deseamos pagar". Existen dos aspectos en ética: el primero involucra la habilidad de discernir entre el bien y el mal, lo correcto y lo incorrecto. El segundo involucra el compromiso para hacer el bien y para hacer lo correcto. La ética implica actuar, no es simplemente un tema sobre el cual reflexionar o debatir.

¿POR QUÉ DEBEMOS ADOPTAR LA REGLA DE ORO?

> *La ética se trata de cómo aceptamos el desafío de hacer lo correcto cuando esto cuesta más de lo que deseamos pagar.* (Instituto de Ética Josephson)

No soy un ingenuo. Sé que no todo el mundo busca una directriz sencilla, práctica y aplicable para vivir de forma ética. Algunas personas eligen mentir, hacer trampa, robar y hacer lo peor. Otros viven para meditar y debatir ideas (¡tomé clases con algunos de ellos en la escuela de posgrado!). Pero las personas que desean encontrar un estándar bueno y honesto para llegar a tener un comportamiento ético pueden encontrarlo en la regla de oro. A continuación, les presento las razones por las cuales creo lo anterior:

1. La regla de oro es aceptada por la mayoría

Ahora, ya tienes una idea de qué tan ampliamente es aceptada la regla de oro. Pero si eso no es suficiente para ti, puedes entender mejor por qué es tan aceptada basándote en el sentido común. ¿Puedes imaginar a alguien diciendo, "Por favor tráteme peor de lo que yo te trato a ti"? No. Todo el mundo desea ser tratado de buena manera. Incluso las personas que buscan relaciones poco saludables o aquellas que se involucran en comportamientos destructivos no desean o buscan conscientemente un trato equivocado por parte de los demás. No es irracional que una persona desee el buen trato de los demás. Tampoco es demasiado esperar que la gente lo trate bien a uno o trate bien a los demás.

Es muy difícil para los individuos justificar la demanda de trato superior al que ellos dan. ¿En qué se pueden basar? ¿Riqueza? Si ese es el caso, ¡entonces una persona que gana $100.000 dólares al año, quien desea un buen trato por parte de alguien que gana $25.000, debe acceder a ser tratado pobremente por alguien que gana $500.000!

¿Qué tal si el trato hacia las personas está basado en talento? (es lo que algunas de las divas de la industria musical han hecho). ¿Entonces, los más talentosos deben recibir un mejor trato que los que lo son menos? ¿Sí? Está bien, entonces quien debe tratar mejor a quien ¿Whitney Houston o Yo Yo Ma? ¿Determinas el tratamiento en la *cantidad* natural de talento o en lo que la gente *hace* con su talento? ¿En todo caso, cómo juzgas algo tan subjetivo como el talento? ¿Y qué sucede cuando una persona con talento en un área se encuentra con otra con talento en otra área? ¿Quién merece un mejor trato: Tiger Woods o Bill Gates?

O podemos basar el trato en las aficiones políticas o en las creencias personales. Entonces, los miembros de otro partido se convierten inherentemente en inferiores y si alguien está en desacuerdo con sus creencias, automáticamente merece un trato inferior. Pero qué sucede si más adelante te das cuenta que la forma en que ellos consideraban un asunto era correcta mientras que la tuya no, entonces las cosas serían diferentes.

Puedes ver hacia dónde me dirijo. No importa qué criterios elijas arbitrariamente, ya sea riqueza, talento, ideología, nacionalidad, raza o cualquier otra cosa, eso no puede ser soportado lógicamente. Finalmente, eso se convierte en el juego del Rey de la colina. ¿Lo jugabas cuando niño? Una persona sube a una colina de tierra y trata de permanecer allí mientras el resto intenta bajarlo. La única manera de ganar es siendo el "matón" más grande. E incluso si ganas, sales bastante golpeado en el proceso.

La regla de oro puede usarse para crear un terreno común con cualquier persona razonable.

Una de las primeras reglas en las relaciones humanas es buscar un terreno común con los demás. Esa es una buena norma, ya sea que estés explorando una nueva amistad, conociendo a un nuevo cliente, enseñándole a un alumno, conectándote con un niño o discutiendo con tu pareja. Comparar experiencias similares y descubrir creencias compartidas puede dar el espacio para relaciones exitosas. La regla de oro puede usarse para crear un terreno común con cualquier persona razonable.

2. La regla de oro es fácil de entender

El exeditor de Saturday Review of Literature, Norman Cousins, quien enseño en la UCLA, expresó:

> Las palabras "duro" y "suave" son usadas generalmente por los estudiantes de medicina para describir el contraste entre las materias de las clases. Clases como bioquímica, física, farmacología,

anatomía y patología son marcadas con el sello de "duro", mientras que materias como ética médica, filosofía, historia y relaciones paciente-médico tienden a ser ubicadas bajo la etiqueta menos favorable de "suave" [...]. [Pero] una década o dos después de la graduación, la tendencia es invertir esta clasificación. Lo que se suponía como difícil se convierte en fácil y viceversa. El conocimiento básico de la medicina está cambiando constantemente [...] pero las materias suaves, especialmente aquellas que tienen que ver con lo intangible, resultan ser de valor permanente.

El comentario de Cousins da luz al problema de la ética. A menudo, la gente tiene problemas con este tema, ya que parece complejo e intangible. Uno de los aspectos maravillosos de la regla de oro es que hace tangible lo intangible. No necesitas conocer la ley, no necesitas explorar las sutilezas de la filosofía, simplemente imagínate a ti mismo en el lugar de la otra persona. Aun un pequeño niño puede hacerlo. No contiene reglas complicadas o lagunas.

No quiero decir con esto que todas las situaciones éticas serán resueltas instantáneamente usando la regla de oro. En algunas ocasiones, la parte más complicada de preguntar "¿cómo me gustaría ser tratado en esa situación?" es identificar quién puede resultar afectado por la situación y cómo puede ser impactado. Pero aun para asuntos complejos, si una persona medita sobre el asunto, él o ella pueden resolverlo casi siempre.

3. La regla de oro es una filosofía gana–gana

¿Has conocido a personas que creen que, para llegar a ser ganadores, otras personas deben perder? Ven a todos los demás como enemigos a ser vencidos. O se aprovechan del dolor de los demás con el fin de ganar. Esa parece ser la idea detrás de un fondo de inversión que empezó a estar disponible en septiembre de 2002. Se llama el Vice Fund.

Los administradores del fondo lo promocionan como una inversión en "empresas que obtienen una parte significativa de sus ingresos a partir de productos a menudo considerados como socialmente irresponsables", principalmente en los juegos de azar, el tabaco, el alcohol y armas de defensa, las industrias que consideran casi "a prueba de recesión".

Los expertos dicen que esta "inversión en vicio" no funciona y no es tan rentable como la inversión en las empresas "socialmente responsables". Pero queda claro por su nombre que este fondo proviene de la idea de que el inversionista hace dinero a partir de la debilidad de otros. Me pregunto cómo se sentiría el gerente del fondo si descubriera que las personas estuvieron trabajando duro para explotar sus defectos personales en su beneficio. Cuando vives bajo la regla de oro, todo el mundo gana. Si yo te trato tan bien como yo lo deseo para mí mismo, tú ganas. Si me tratas de la misma manera, yo gano. ¿Quién pierde ahí?

4. La regla de oro es una brújula cuando necesitas dirección

La regla de oro hace mucho más que permitir victorias a las personas. Tiene también un valor interno para cualquiera que la practica. El comentarista de televisión, Ted Koppel, dice: "existe armonía y paz interior cuando se sigue una brújula que apunta hacia la misma dirección a pesar de la moda o las tendencias". En un mundo lleno de incertidumbre, pienso que muchas personas están buscando dirección. La regla de oro puede orientar, porque nunca cambia aunque las circunstancias lo hagan. La regla de oro ofrece una dirección sólida y predecible cada vez que es utilizada. Y lo mejor es que realmente *funciona*.

Existe armonía y paz interior cuando se sigue una brújula que apunta hacia la misma dirección a pesar de la moda o las tendencias. (Ted Koppel)

EL LUGAR DE ORO PARA ESTAR

Cuando hablo con empresas alrededor del país, me encuentro con personas interesantes y con muchos líderes excelentes. Mientras hacía una gira de promoción de un libro en 1988, conocí a alguien que encaja en ambas categorías. Jim Blanchard es el presidente de Synovus Financial Corp., una compañía encargada de cobranzas para 38 bancos en cinco estados y dueña del 80% de un proveedor de servicios de pagos electrónicos (llamado TSYS). El sitio web de la compañía afirma que su nombre es "una combinación de las palabras *sinergia* y *novus. Sinergia* es la interacción de componentes separados de manera tal que el resultado es mayor que la suma de sus partes. *Novus* significa de calidad superior y diferente a otros de la misma categoría". La organización posee más de dieciocho billones en bienes, emplea a más de nueve mil personas y es parte del índice de Standard & Poor (NYSE:SNV).

Si estás actualizado en noticias de negocios debes haber oído hablar de Synovus. En 1998, la revista *Fortune* empezó a publicar un listado de las cien mejores compañías para trabajar en Estados Unidos. ¡En 1999 Synovus obtuvo el primer lugar! La compañía ha estado en ese listado año tras año desde su creación. El listado de enero de 2003 posicionó a Synovus como la novena de la nación.

Como dueño de una empresa, quería saber cómo fue la creación de la mejor compañía para trabajar en los Estados Unidos. Así que hablé con Jim. Él me dijo que, unos pocos años después de su graduación de la escuela de leyes en 1965, a la edad de 29, fue seleccionado para dirigir el Columbus Bank y la compañía de fideicomiso. Al pasar de los años, él construyó y expandió el negocio. Pero luego, en los años 90, se dio cuenta que quería asegurarse de que los principios éticos y valores que siempre había usado personalmente para dirigir el negocio fueran parte de la cultura de la organización en expansión. "Necesitábamos institucionalizarlos, hacerlos cumplir y reforzarlos", dijo. Y eso significaba hacer grandes cambios. Muchas de las políticas establecidas durante años fueron desmanteladas, tales como el sistema de promoción, la administración del salario y el proceso de revisión.

Además, ellos iniciaron lo que Jim llamó el "componente de desarrollo de personas", cuyo objetivo principal es un compromiso con sus trabajadores. Explicó Jim:

> Como líderes de Synovus, acordamos no permitir por más tiempo el mezquino y manipulador estilo de liderazgo que existía en esta empresa. Íbamos a encaminar a cualquiera, si estaba dispuesto a intentarlo. Pero si era incapaz y no cambiaba, le pediríamos que se fuera a otra parte.
>
> Este sería un lugar seguro para trabajar. Los empleados no serían acosados, no serían sacudidos con fuerza, como lo que llamamos "saludar a la bandera y patear al perro"; es decir, dices todas las

cosas correctas, pero luego vuelves a tu oficina y golpeas a tu gente. En diferentes ocasiones, me levanté en frente de muchos foros y dije: "Les estoy llenando un cheque en blanco sobre esta promesa y quiero que lo presenten para el pago. Y si el cheque rebota, entonces no tienen por qué creerme nada de lo que les diga de nuevo".

Rápidamente la luz del día brilló sobre los líderes malos. Teníamos doscientos o trescientos de ellos en transición durante los últimos seis a ocho años, debido a que no estaban dispuestos a vivir a la altura del estándar de tratar a los demás correctamente con respeto, admiración, aprecio y consideración. Básicamente, hemos finalizado este proceso diciendo que, si tuviéramos una única regla en esta compañía, sería la regla de oro. Si esa regla la aplicamos bien, ninguna otra regla será necesaria.

Si tuviéramos una única regla en esta compañía sería la regla de oro. Si esa regla la aplicamos bien, ninguna otra regla será necesaria.
(Jim Blanchard)

Para muchos, la regla de oro suena como un suave enfoque hacia los negocios. Pero nada podría estar más lejos de la verdad. En Synovus, no se tolera la arrogancia, pero se acepta la excelencia. Explica Jim: "nuestras políticas no son un pretexto para perezosos, personas promedio o mediocres. Somos altamente demandantes y competitivos, pero no jugamos con las personas a nuestro alrededor". Cuando le pregunté acerca de los beneficios de la regla de oro con respecto a las personas, dijo:

> Los beneficios tangibles son una baja tasa de rotación laboral, pocos reclamos ante la EEOC (Comisión para la igualdad de oportunidades en el empleo) y la desaparición casi total de cualquier tipo de acoso. Pero los intangibles (beneficios) es que mantiene a sus mejores empleados. Los líderes jóvenes emergentes quieren quedarse y la gente crece y da fruto en un ambiente en donde no están oprimidos. Así que obtienes el óptimo y máximo crecimiento al más alto nivel [...].
>
> Y cuando tienes gente produciendo frutos en todas partes a su alrededor, es como hacer una carrera de autos estando en el primer lugar. Es halar a otras personas a lo largo del camino. Todas aspiran a triunfar de la manera en que ven a otros hacerlo. Seguir la regla de oro es un gana-gana.

¡Realmente es una victoria para todos! La regla de oro es buena para los empleados, es buena para los clientes y es buena para los inversionistas. De acuerdo con la compañía Robinson Humphrey, las acciones de Synovus han generado la segunda ganancia más alta de cualquier acción negociada en la Bolsa de

Nueva York durante los últimos veinte años. Esa es la ganancia que todos desean. La regla de oro realmente funciona.

PREGUNTAS DE DISCUSIÓN

1. ¿Cuando interactúas con las personas, naturalmente las evalúas?, ¿piensas en ellas en términos de talento, riqueza, inteligencia, belleza o habilidades sociales?, ¿usa otros criterios? Ahora que has identificado tu inclinación natural, piensa en cómo puede afectar la forma en la que tratas a las personas. ¿Cómo puede esto impactar tus estándares éticos?

2. ¿Cuál fue tu reacción hacia las diferentes variaciones de la regla de oro en las regiones del mundo? ¿Crees que la universalidad de la regla de oro es relevante para el argumento de un solo estándar de ética? ¿Por qué sí o por qué no?

3. ¿Cuáles son los beneficios de usar la regla de oro como una guía para la conducta ética personal? ¿Para los negocios? ¿Qué inconvenientes encuentras?

____

____

____

____

____

4. ¿Puedes pensar en una situación en la cual sería difícil aplicar la regla de oro como estándar ético? Si es así, descubre quien resultaría afectado por la decisión y como sería impactado. Si aún ves la dificultad, examina el tema con un amigo o colega y ve si puedes encontrar una aplicación.

____

____

____

____

____

5. Jim Blanchard dijo que algunos de los beneficios de usar la regla de oro en Synovus eran “baja rotación de personal, menos reclamos ante EEOC, la desaparición

casi total de cualquier clase de acoso". ¿Qué beneficios puedes imaginar para tu negocio o industria?

CAPÍTULO

TRES

La regla de oro empieza por ti

El autor y conferencista Zig Ziglar me envió recientemente una nota después de haber escuchado una lección sobre liderazgo que dicté acerca de nuestros padres fundadores de la nación. Zig y yo hemos sido buenos amigos por años y siempre disfruto recibir su perspectiva y sabiduría acerca del liderazgo. Aquí está lo que me escribió:

> Creo que la razón por la cual tenemos tantos líderes extraordinarios en los años tempranos de la historia de nuestro país es que, de acuerdo con el Instituto de investigación Thomas Jefferson, en los días en que los hombres que mencionaste estaban creciendo, más del 90% de la orientación educativa era de naturaleza moral, ética y religiosa. Mientras que, por los años 50, el porcentaje de

la misma orientación educativa era tan pequeño que no pudo ser medido. Me pregunto si es esa la razón por la cual tres millones de estadounidenses en 1776 produjeron a Washington, Madison, Jefferson, Hamilton, Adams, etc. y por lo cual en el año 2002 no tenemos ni una persona que iguale a los hombres de esa talla.

Una educación moral fuerte, como la identificada por Zig, empodera a una persona para tomar buenas decisiones éticas. Sin embargo, ya que pocas personas hoy en día han recibido esa base, ¿cómo empezar? ¿Cómo se toma algo tan amplio como la regla de oro y se convierte en una forma de pensar todos los días? Estoy convencido de que la mejor manera de empezar es pensando en lo que quieres.

¿Cómo quieres ser tratado?

Yo creo que todas las personas, en el fondo, son muy parecidas. Habla con individuos de cualquier edad, género, raza o nacionalidad y te darás cuenta que ellos tienen cosas en común. Y una vez identifiques esas características comunes, reconociéndolas primero en ti y luego en los demás, sostendrás la llave que abre la regla de oro. A continuación detallo una pequeña lista de las cosas que creo que todos los seres humanos tenemos en común cuando se trata de la forma en que deseamos ser tratados:

1. Quiero ser valorado

¿Sabías que, en el mercado estadounidense de hoy, el 70% de las personas que renuncian a sus trabajos lo hacen debido a que no se sienten valorados? Esta es una indicación de lo mal que los hombres de negocios tratan a sus empleados. No existe una persona en el mundo que no desee ser valorada por los demás. ¿Deseas que los demás te acepten por quién eres y te muestren a través de sus acciones que les importas?

Una empresa que sobresale en la valoración de sus empleados es Mission Control, ubicada en Irvine, California, dedicada al diseño e instalación de sistemas automatizados para alimentos y bebidas. La organización trabaja de contrato en contrato, así que en algunas épocas experimenta periodos con relativamente poco trabajo. Muchas compañías similares simplemente despiden a sus empleados cuando los negocios disminuyen. Pero Mission Control no. Los fundadores de la empresa, Craig Nelson, Neal Vaoifi y Scott Young, decidieron, cuando empezaron con el negocio, que ellos se quedarían sin su salario personal antes de despedir a alguno de sus 35 empleados.

En el mercado estadounidense de hoy, el 70% de las personas que renuncian a sus trabajos lo hacen debido a que no se sienten valorados.

El deseo de los fundadores de mantener a su mejor gente y demostrarles cuánto los valoran fue una meta bastante idealista. Y su compromiso con este deseo fue puesto a prueba durante el primer año de existencia de la compañía, cuando experimentaron un periodo de sequía que duró ocho meses. Pero ellos se mantuvieron atados a su creencia y estuvieron sin salario durante todo el periodo.

Los fundadores de Mission Control todavía continúan firmes en su compromiso. Cuando las ventas caen y la reducción de gastos no es suficiente, el contralor de la compañía hace una llamada y pone en marcha el plan de suspensión de los salarios de los líderes. Durante ese periodo, los pagos a empleados y sus beneficios permaneces intocables. Una vez la compañía alcanza ciertos umbrales de flujo de efectivo y rentabilidad, los ejecutivos empiezan a devengar un salario nuevamente. Y en caso de que te estés preguntando, ellos no reciben pago retroactivo. Nelson afirma: "Parece que las compañías están dispuestas a hacer lo que sea necesario con el fin de obtener una ganancia, pero a expensas de la gente". Nelson, Vaoifi y Young entienden la importancia de ser valorados y tratan a sus empleados de la forma en que desean ser tratados.

¿Alguna vez te han hecho sentir inútil? Tal vez uno de tus padres te dijo que no tenías nada que ofrecer. O un jefe dijo que tú o tu departamento no era más que una carga para la empresa. O quizás has sido humillado públicamente. Si es así, entonces sabes lo importante que es ser valorado por otro ser humano. El estímulo es oxígeno para el alma. Muy en el fondo, todas las personas quieren sentir que son importantes simplemente por lo que son.

Valorar a otros no por lo que pueden hacer, sino porque son seres humanos es el fundamento de la regla de oro. Si eres capaz de aprender a pensar en estos términos, entonces has dado un paso importante en el proceso de convertir la regla de oro en la guía ética para tu vida.

2. Quiero ser apreciado

El deseo de ser amado y valorado es quizás la necesidad más profunda de toda persona. Muy cercano a esa necesidad está nuestro deseo de ser apreciados por lo que podemos hacer. ¿Acaso no posees el deseo de sobresalir? ¿No deseas ser apreciado por la habilidad y esfuerzo que pones en tu trabajo? Saber por qué eres importante construye tu autoconfianza y tu autoestima. Las personas que trabajan contigo y para ti tienen el mismo deseo, aun aquellas que no lo demuestran. El experto en relaciones humanas y escritor Donald Laird dijo: "Ayuda siempre a incrementar tu autoestima. Desarrolla tu habilidad de hacer sentir importante a los demás. No hay un cumplido más alto que puedas hacer a una persona que ayudarle a ser útil y a encontrar satisfacción en su utilidad".

¿Cómo puedes hacerlo? Comienza por permitir a la gente saber que aprecias sus esfuerzos. Agradéceles en cada oportunidad, da crédito a los demás cada que sea posible. Y conviértelo en un punto para alabar a la gente en la presencia de las personas más cercanas a ellos, como miembros de la familia. El productor de Broadway y empresario de entretenimiento, Billy Rose, afirmó: "Es difícil para un hombre llevar un chip en su hombro si le permiten hacer una reverencia".

3. Quiero ser confiado

El escritor Victoriano George MacDonald dijo: "Que confíen en uno es mejor cumplido que ser amado". La ley del terreno firme en *Las 21 leyes irrefutables del liderazgo* afirma que la confianza es la base del liderazgo. Si bien esto es cierto, también puede afirmarse que la confianza es el fundamento de *todas* las buenas relaciones. Los buenos matrimonios, buenos negocios y buenas amistadas requieren confianza. Si careces de ella, no puede existir una interacción abierta y honesta y le relación solamente será temporal.

Manchester Inc., una firma consultora de Filadelfia, empleó una encuesta con más de 200 empresas con el propósito de descubrir las mejores maneras de generar confianza en los empleados. Encontraron que las personas que inspiran confianza:

> *Que confíen en uno es mejor cumplido que ser amado.* (George MacDonald)

- Mantienen la integridad
- Comunican abiertamente la visión y los valores
- Muestran respeto por los empleados con condiciones de igualdad
- Se concentran en metas comunes más que en agendas personales
- Hacen lo correcto a pesar del riesgo personal
- Escuchan con mente abierta
- Demuestran compasión
- Mantienen confidencias

Aunque es imposible controlar si las personas confían en ti, sí puedes controlar tus acciones hacia ellos. El exsecretario de Estado de Estados Unidos Henry L. Stimson afirmó: “La principal lección que he aprendido en una larga vida es que la única manera de hacer a un hombre digno de confianza es confiando en él, y la vía más segura para hacerlo no confiable es desconfiando de él y haciéndolo evidente”.

Se requiere de un salto de fe para poner tu confianza en otra persona, especialmente en alguien a quien no conoces bien. Sin embargo, eso es lo que se necesita para practicar la regla de oro. A medida que te esfuerzas por invertir tu confianza en otros, de la misma manera te gustaría que la invirtieran en ti. Encuentra consuelo en las palabras de Camilo Benso di Cavour, quien dijo: "El hombre que confía en los hombres cometerá menos errores que el que desconfía de ellos".

4. Deseo ser respetado

Cuando otros confían en mí, recibo responsabilidad y autoridad. Cuando otros me respetan, eso toca una parte más profunda dentro de mí. Me da dignidad y construye mi confianza. El general hindú y una vez atleta olímpico Dalip Singh declaró: "Un hombre que no respeta su propia vida y la de los demás se roba a sí mismo dignidad como ser humano".

No hace mucho leí un artículo acerca de un hombre joven que, a la edad de 33, fue a trabajar como pastor principal de su primera iglesia. Para él, resultó ser una experiencia intimidante debido a que debía ser el líder espiritual de personas con hijos y nietos mayores a él. Su historia me intrigó debido a que enfrenté una situación similar al inicio de mi carrera. ¿Cómo lo manejó? Mostrándole a su gente respeto y pidiéndoles que lo trataran igual. Para hacer su estándar claro para todo el mundo, compartió diez reglas de respeto bajo las cuales prometió vivir y le pidió a su gente que hiciera lo mismo. Estás son:

1. Si tienes un problema contra mí, ven a mí (en privado).

2. Si tengo un problema contigo, iré a ti (en privado).

3. Si alguien tiene un problema conmigo y va hacia ti, envíalo hacia mí (yo haré lo mismo por ti).

4. Si alguien constantemente no viene a mí, dile: "vamos juntos a verlo. Estoy seguro que nos atenderá sobre este asunto" (haré lo mismo por ti).

5. Sé cuidadoso al interpretarme, es preferible hacerlo con cuidado. En asuntos que no estén claros, no te sientas presionado a interpretar mis sentimientos o pensamientos. Es fácil malinterpretar las intenciones.

6. Seré cuidadoso al interpretarte.

7. Si es confidencial, no lo divulgues. Si tú o alguien más viene a mí de manera confidencial, no lo divulgaré a menos que esa persona (a) vaya a lastimarse a sí misma, (b) vaya a lastimar a alguien más o (c) un niño haya sido abusado física o sexualmente. Yo espero lo mismo de ti.

8. No leo cartas o notas sin firmar.

9. No manipulo, no seré manipulado. No permitas que otros te manipulen. No permitas que otros intenten manipularme a través tuyo.

10. Cuando tengas una duda, simplemente dila. Si la puedo resolver sin tergiversar algo o romper la confianza, lo haré.

El escritor Arnold Glasow dijo: "El respeto de aquellos a quienes tú respetas vale más que el aplauso de una multitud". La mayoría de las personas anhela el respeto de las personas para quienes trabaja y, cuando los empleadores lo dan gratis, esto genera un ambiente de trabajo muy positivo. Un empleador que es modelo en ese aspecto es Mitchell Burnman, presidente de una firma consultora llamada Analytics Operations Engineering en Boston. Él les demuestra a sus empleados la clase de respeto que toda persona responsable desea. Los diez asesores que él emplea son considerados como profesionales y tratados como socios, en lo cual pueden llegar a convertirse eventualmente, si compran acciones en la bolsa después de trabajar allí durante un año. Pero aun antes, se les permite tomar decisiones que simples empleados rara vez llegan a tomar. Ellos escogen en qué proyectos van a trabajar, cuándo lo van a hacer, en dónde y cuántas vacaciones van a

El respeto de aquellos a quien respetas vale más que el aplauso de una multitud.
(Arnold Glasow)

tomar. "Yo juzgo el valor de un empleado basado en lo que me genera", dice Burman. "No me importa en dónde lo realiza o si lo hace desde Timbuktu". Su preocupación principal es que cada asesor sea capaz de facturar por lo menos $100.000 al año y que cada dólar facturado sea dividido de la siguiente manera: 30% para quien hace el trabajo, 15% para quien lo vende, 10% para quien lo dirige, 5% para los impuestos, 20% para gastos generales y 20% para la compañía.

La clase de respeto que reciben los empleados les da la libertad para realizar su trabajo de la mejor manera y los motiva a trabajar con excelencia. Y esto no solo honra a la persona, sino que es bueno para el negocio. James Howell dijo: "Respeta a un hombre y este hará lo máximo".

5. Quiero ser entendido

En una ocasión, leí acerca de un grupo de profesores que realizaron una encuesta a 2.000 empleadores, pidiéndoles que identificaran las últimas tres personas que dejaron ir de sus empresas y la razón por la que esto sucedió. Lo que los profesores descubrieron fue que en dos de cada tres casos los empleados pierden sus trabajos debido a que no pudieron entenderse con los demás.

Algunas veces los problemas personales son causados por la insensibilidad o indiferencia de un individuo. Pero, más frecuentemente, la dificultad proviene de una falta de entendimiento. Podemos rápidamente encontrar una falla en los demás cuando ellos no se ajustan a los patrones o estándares que tenemos. Pero si nos esforzamos por conocerlos, a menudo descubrimos que su camino no es equivocado, es solo un camino diferente. Podemos encontrar que responden de forma diferente debido a que no ha tenido las ventajas que nosotros hemos tenido. O podemos darnos cuenta que reaccionan ante condiciones o acciones que están más allá de su control. Una vez que demos un paso adelante, podremos conectarnos emocionalmente con los demás, de lo cual se trata la comprensión. No podemos esperar que las personas actúen como máquinas, todos somos criaturas de emoción.

Cuando trates con otros, busca primero entender y luego ser entendido. Eso requiere una actitud flexible y disposición para aprender. El teólogo Hans Küng dijo: "Entender a alguien apropiadamente requiere aprender de él y aprender de alguien apropiadamente requiere cambiar uno mismo". Entender a otras personas significa extenderse uno mismo hacia ellas y reconocerlas en su nivel, poniendo la carga de hacer una conexión sobre uno mismo, no sobre ellos.

Cuando trates con otros, busca primero entender y luego ser entendido.

Es sabio recordar las palabras del inventor Charles Kettering: "Existe una gran diferencia entre saber y entender: puedes saber mucho acerca de algo y no entenderlo realmente". Lo mismo aplica para las personas.

6. No quiero que los demás se aprovechen de mí

Cuando el asunto es cómo me tratan los demás, lo que más deseo es que nadie se aproveche de mí. Esa es realmente la conclusión con respecto al comportamiento ético. La mayoría de nosotros no necesita resolver problemas filosóficos complicados o acertijos. Si la gente puede interpretar que me estoy aprovechando de ellos (incluso después de haber tenido la oportunidad de explicar mis motivos), entonces mis acciones son probablemente una mala idea.

En enero de 2003, murió Marvin Bower, líder de McKinsey & Company por largo tiempo, conocido también como el fundador de la consultoría de gestión profesional. Bower se unió a la organización en 1933. Se convirtió en su director en 1950 y mantuvo esa posición durante 17 años. Él trabajó como director y socio hasta su retiro en 1992. Bower tuvo un impacto profundo en la empresa desde el momento en que ingreso a ella. De hecho, infundió el valor de poner a los demás primero. "El insistió en que los intereses del cliente podían ponerse primero que los de la compañía", dice una publicación empresarial, "y que los compromisos se hacen solo cuando se espera que nuestro valor para el cliente supere nuestros honorarios".

No eran solo palabras. En la década de los 50, Bower fue contactado por el multimillonario Howard Hughes para que le ayudara con Paramount Pictures. Bower viajó a Los Ángeles y se reunió con Hughes, fue recibido como un rey. El mismo Hughes lo recibió personalmente y hasta le dio un *tour* personal en el Spruce Goose, el avión de madera construido por Hughes que se convirtió en el avión de alas más grande que jamás haya volado. Pero después de analizar los problemas de Paramount y considerar el enfoque poco ortodoxo de Hughes hacia los negocios, Bower concluyó que era incapaz de ayudarlo. Rechazó la oferta. Los valores eran más importantes para él que el dinero. Él no se aprovecharía de otra persona, ¡esa es la forma en la que vive una persona dirigida por la regla de oro!

No importa si estamos hablando de mentirle al vecino o defraudar una gran empresa, cualquier acción finalmente impacta a los individuos, para bien o para mal.

Habría sido fácil para Marvin Bower aceptar el dinero de Howard Hughes y no dar nada de valor a cambio. Después de todo, Hughes tenía millones de dólares, no habría sido un problema. Pero ese no es el punto, no importa si estamos hablando de mentirle al vecino o defraudar una gran empresa, cualquier acción finalmente impacta a los individuos, para bien o para mal. Y si esa acción les quita valor o se aprovecha de ellos, les duele de una manera que no nos gustaría para nosotros.

Volver a las personas

Algunas empresas en los Estados Unidos están reaprendiendo esta lección. Están redescubriendo el valor de estimar a las personas y están haciendo cambios para promover el buen trato hacia sus empleados. Una de estas compañías es HomeBanc, una empresa hipotecaría ubicada en Atlanta que emplea a más de 1.000 personas. Después de una búsqueda de más de año y medio (y de publicar páginas completas en los diarios con un costo superior a $50.000 dólares), la compañía encontró lo que estaba buscando: un jefe de personal.

El presidente de HomeBanc, Patrick Flood, afirma: "Hemos notado algunas diferencias significativas en las características que se han visualizado en el liderazgo de las funciones corporativas y gubernamentales. Los presidentes de compañías han estado demasiado enfocados en sí mismos creyendo que son el éxito del negocio. El hecho es que jugamos un papel real, pero el verdadero éxito es la gente que hace el trabajo pesado: los trabajadores". Para ayudar a la compañía a mantenerse enfocada en su gente, mientras crecía en un 50% en dos años, contrataron al Dr. Dwight "Ike" Reighard, un pastor que había pasado 28 años trabajando con personas. Ike, quien resultó ser un amigo mío, tiene la responsabilidad de pastorear la cultura corporativa de la empresa y perfeccionar sus normas éticas de liderazgo. Es el lugar perfecto para él.

¿Y qué hará él para ayudar a HomeBanc a poner por delante a las personas? Es sencillo, él le recodara a cada persona que debe tratar a los demás como desea ser tratada. Cuando una persona tiene una idea correcta de cómo desea ser tratada, con dignidad, respeto, entendimiento y confianza, entonces puede fácilmente decidir cómo tratar a los demás.

Preguntas de discusión

1. ¿Qué clase de educación o entrenamiento moral o ético recibiste mientras crecías? ¿Consideras tu experiencia como una fortaleza o una deficiencia? Por favor, explica.

2. Describe una situación de tu pasado en la cual una persona con autoridad expresó valor, aprecio y respeto por ti. ¿Por qué recuerdas ese evento? ¿Cuál fue tu respuesta?

3. Describe una situación de tu pasado en la cual alguien te trató de manera irrespetuosa y desconfiada. ¿Cuál fue tu respuesta? ¿Cómo influyó la situación en tu interacción con esa persona? ¿Pudiste resolver la situación para construir o restaurar la relación?

4. Cuando conoces personas que son notablemente opuestas a ti, ¿cómo reaccionas frente a ellas? Selecciona a, b o c.

a. Generalmente, espero que me traten bajo mis condiciones.

b. Pienso que es razonable que me encuentren a medio camino.

c. Generalmente, intento acercarme a ellos en sus términos.

¿Cómo impacta tu enfoque tu interacción con los demás?

____

____

____

5. ¿Estás dispuesto a ver las cosas desde otro punto de vista? ¿Qué debes hacer para cambiar? ¿Qué área de tu vida será la más afectada si haces el cambio?

____

____

____

CAPÍTULO CUATRO

Viviendo una vida de 24 quilates

Cuando piensas en los programas deportivos universitarios en Estados Unidos, ¿Qué viene a tu mente? ¿Aficionados, alumnos y refuerzos gritando rabiosamente emocionados por el éxito de sus equipos? ¿Los jugadores más preocupados con explotar sus privilegios personales en el campo de juego que en las debilidades de sus oponentes durante los juegos? ¿Los entrenadores con actitud de ganar a toda costa obsesionados con obtener la victoria del campeonato? Si eso es lo que te imaginas, entonces necesitas conocer al entrenador Mark Richt de la Universidad de Georgia.

Cuando Richt fue contratado por la Universidad de Georgia en diciembre del año 2000, estaba expectante de generar un impacto positivo en el equipo.

Como la mayoría de los hombres que se convierten en entrenadores principales en los programas de fútbol de la NCAA, Richt tenía una historia de éxitos. A pesar de tener tan solo cuarenta años, tenía quince años de experiencia incluyendo siete como coordinador de una de las ofensivas más poderosas de la nación en la Universidad Estatal de Florida. Mientras Richt era coordinador de la ofensiva, esta fue incluida dentro de las cinco mejores de la nación durante cinco de siete años. Él transformó rápidamente el equipo de la Universidad de Georgia. En dos temporadas, Richt no solo ganó una división del campeonato (la primera en veinte años), sino que llevó a los Bulldogs de Georgia a la clasificación de terceros en la nación. Más extraordinario que el progreso del equipo fue la forma en que lo logró. En enfoque de Richt no fue ni lo es el campeonato, es el carácter.

UNA CLASE DIFERENTE DE EDUCACIÓN

"Si tienes un buen carácter, entonces eres un trabajador diligente y haces lo que los entrenadores te indican", dice Richt. "Todos nuestros jugadores son talentosos, pero aquellos que no cargan el extra equipaje de tener problemas académicos, sociales o de cualquier otra índole parecen llegar a la cima".

Al concentrarse en construir el carácter de sus deportistas, Richt introdujo algo nuevo al programa de fútbol en Georgia, que es muy poco común. Es una clase de quince minutos varias veces a la semana llamada "Hombres de carácter rodeados por setos" (el estadio del equipo está rodeado por plantas de setos, por eso el nombre del programa). El programa fue introducido en el equipo de Georgia por Bobby Lankford, un exscout profesional, quien en algunas ocasiones trabajó con los jugadores como una especie de entrenador del carácter. La temporada pasada, el programa requirió de todos los estudiantes de primer año. Finalmente, todos los jugadores de fútbol deben asistir. De hecho, el curso de carácter es tan importante que al director deportivo de la Universidad de Georgia, Vince Dooley, le gustaría verlo convertido en una fundación creada para que todos los deportistas de Georgia se matriculen algún día, tal vez incluso como un crédito requerido para la graduación.

Richt se ha ganado el respeto de sus jugadores, no solamente a través del entrenamiento, sino por su buena personalidad. Eso se hizo evidente para todos los que vieron el juego contra Auburn durante su primer año en Georgia. Cuando el dio una instrucción equivocada en los últimos segundos del juego, su equipo perdió. Richt no dio excusas o culpó a los demás. Él se disculpó con el equipo por su error. El mariscal de campo David Greene comentó: "Como jugador uno tiene respeto por alguien que es capaz de decir que siente que cometió un error. Es difícil para cualquiera admitir una falta, mucho más para un entrenador de fútbol".

Richt concibe su rol como el de alguien que ayuda a mejorar las vidas de otros. Su función no es solamente llenar la vitrina de trofeos de la universidad. Es algo para lo que parece tener el don. Un comentarista deportivo dijo: "Es difícil encontrar a alguien que se haya cruzado en el camino de Richt en los pasados quince años y no sienta que su camino ha sido iluminado con el encuentro".

En el futuro, cuando sus jugadores cometan errores, que seguramente lo harán, sus decisiones estarán basadas en el carácter.

"Dentro de unos años", explica Richt, "si todos estos jugadores son mejores hombres porque estuvieron en Georgia, estaré emocionado. Si un muchacho regresa y dice que es un mejor hombre, mejor esposo, padre o mejor ciudadano porque pasó por este programa, eso significaría mucho más para mí que un campeonato nacional o la alta opinión pública.

El carácter importa

Recientemente tuve la oportunidad de conocer a Mark Richt y compartir algún tiempo con él. Descubrí que es un hombre de carácter fuerte. Para él, su vida dio un giro cuando dejó de centrarse en sí mismo. Mark aporta excelencia constantemente en todo lo que emprende, pero su foco está en ayudar a los demás. Verdaderamente vive la regla de oro.

Solamente una persona de carácter puede impactar a otros como lo hace Richt. La personalidad es la clave para vivir una vida íntegra y de excelencia ética.

- **El carácter es más que conversar:** muchas personas hablan acerca de hacer lo correcto, pero la acción es la verdadera medida del carácter. Dennis Kozlowski, el presidente de Tyco, a menudo promociona la manera austera como dirigió los negocios y habla de las oficinas modestas que la empresa mantiene. Sin embargo, cualquiera que haya visto sus acciones de cerca habrá notado que lo que habla y lo que hace no van de la mano.

- **El talento es un don, el carácter una elección:** existen muchas cosas en la vida que la gente no puede elegir, como el lugar de nacimiento, quiénes son sus padres y su estatura. Pero hay algunas cosas críticas que cada persona debe escoger. Escogemos nuestra fe, nuestra actitud y nuestro carácter.

- **El carácter proporciona un éxito permanente con las personas:** la confianza es esencial cuando se trabaja con personas. El carácter genera confianza. Las personas que rodean a Mark Richt, sus compañeros entrenadores, los jugadores, la familia y amigos, saben que pueden confiar en él.

- **La gente no puede elevarse por encima de las limitaciones de su carácter:** existen tres clases de personas. Aquellos que no tienen éxito, aquellos que alcanzan el éxito temporalmente y aquellos que lo alcanzan y se mantienen exitosos. Tener carácter es la única forma de mantener el éxito. No importa lo talentosas, ricas o atractivas que sean las personas, no podrán exceder su carácter.

Existen tres clases de personas. Aquellos que no tienen éxito, aquellos que alcanzan el éxito temporalmente y aquellos que lo alcanzan y se mantienen exitosos. Tener carácter es la única forma de mantener el éxito.

Si deseas vivir una vida con un carácter que exhiba excelencia ética, entonces sigue estos lineamientos, te ayudarán a tejer la regla de oro en la tela de tu vida:

1. Adopta la regla de oro como la guía para la integridad de tu vida

El filósofo suizo Henri Frederic Amiel afirmó: "El que flota con la corriente, el que no se guía a sí mismo de acuerdo a los principios más altos, el que no tiene ideal ni convicciones, tal hombre es un mero artículo del mobiliario del mundo, una cosa movible, en lugar de un ser en movimiento, es un eco, no una voz". Nadie quiere ser un eco, vivir a la sombra de una vida. Aunque es a menudo el destino de las personas sin convicciones. Si deseas que tu vida tenga sentido, entonces debes escoger algún principio que te guíe.

Yo ya he expuesto argumentos a favor de la regla de oro cuando he formulado la pregunta: "¿cómo te gustaría ser tratado en esta situación?". Esta es una guía eficaz para la integridad en cualquier situación, funciona en la sala de juntas, en el campo de fútbol, en el salón de clase y en la sala de la casa; funciona con los empleados, empleadores, familia y compañeros, funciona ya sea que dirijas una ruta repartidora de periódicos o una compañía de las quinientas publicadas en la revista *Fortune.* Como afirmó Henry Ford: "Siempre hemos encontrado que nuestros principios estaban en lo cierto. El área sobre la cual se aplicaron no importa. El tamaño es solo una cuestión de las tablas de multiplicar".

Cada día, cuando seas confrontado con un asunto de comportamiento ético, pregúntate: "¿cómo me gustaría ser tratado en esta situación?".

Si crees que la regla de oro es apropiada y funciona, entonces debes adoptarla como la guía para la integridad de tu vida. Cada día, cuando seas confrontado con un asunto de comportamiento ético, pregúntate: "¿cómo me gustaría ser tratado en esta situación?" y luego sigue la recomendación del novelista del siglo XIX George Eliot, quien dijo: "Mantente en la verdad, nunca te avergüences de hacer lo correcto, decide lo que piensas que es correcto y mantente en esa posición".

2. Toma tus decisiones basado en este lineamiento para la integridad

La mayoría de las personas solamente toman unas pocas decisiones y luego administran esas decisiones en el día a día. Una vez decidas que la regla de oro será la guía para la integridad de tu vida, debes replantear esas decisiones. ¿Cómo la regla de oro cambiará tus metas? ¿Interactuarás de manera diferente con tu familia? ¿Necesitarás cambiar la forma en que has enfocado tu carrera? Algunas personas se sienten obligadas a cambiar de empleo debido a que su ambiente laboral es contrario a la regla de oro, por ejemplo. Confucio afirmó: "Reconocer lo que está bien y no hacerlo es la peor cobardía". Entre más importante sea la decisión, esta requerirá de más coraje.

Hacer lo correcto cuando duele no es algo insignificante. Pero las recompensas son grandes. Horace Mann, expresidente de Antioch College, dijo: "En vano habla de la felicidad quien nunca sometió un impulso en obediencia a un principio. El que nunca sacrificó un presente por un buen futuro o algo personal por algo de carácter general. Él puede hablar de la felicidad como los ciegos pueden hablar de los colores".

A medida que aplicas la regla de oro en tu vida y tomas decisiones de acuerdo a ella, recuerda lo siguiente:

- **Las decisiones, no las condiciones, determinan tu ética:** la gente de carácter pobre tiende a culpar a las circunstancias por sus decisiones. La gente ética toma buenas decisiones a pesar de las circunstancias. Si toman suficientes buenas decisiones, empiezan a crear mejores condiciones para sí mismos.
- **Las decisiones equivocadas dejan cicatrices:** cada vez que alguien toma una decisión equivocada, se genera un impacto, aun si no lo notas inmediatamente. Mi esposa, Margaret, dice que su abuela solía contarle una historia acerca de un padre que intentaba enseñarle a su hijo las consecuencias de las malas decisiones. Cada vez que el niño tomaba una mala decisión, su padre le pedía que clavara un clavo en una puerta. Cada vez que él tomaba buenas decisiones, podía remover un clavo. Después de un tiempo, después de muchas martilladas y removidas de

clavos, llegó un día en donde la madera estaba libre de clavos y entonces el niño se dio cuenta que la puerta estaba cubierta de agujeros.

- **Entre más personas participen mayor será la presión para que aceptes:** las decisiones éticas tomadas en privado tienen su propia presión, debido a que uno puede ser tentado a creer que una indiscreción privada jamás será de conocimiento público. Las decisiones públicas que involucran a otros tienen un tipo de presión diferente, la de la conformidad. No importa cuánta presión exista, no puedes permitir que otros te obliguen a tomar decisiones deshonestas.

- **No actuar es también una decisión:** la reacción de algunas personas hacia la toma de decisiones éticas es evitar tomar una decisión. Sin embargo, es importante recordar que dejar de actuar es también una decisión. Pero por cada Cynthia Cooper que dio un paso adelante y le reveló a la junta directiva de WorldCom las prácticas contables oscuras de la compañía, hay miles de personas que eligen cada día no actuar cuando ven a sus empleadores tomar atajos o comprometer la ética y quienes, finalmente, vivirán las consecuencias.

Para vivir una vida ética, debes aferrarte a sus principios a medida que tomas decisiones complejas.

Edward R. Lyman afirmó: "Un principio, particularmente un principio moral, jamás puede ser como una veleta, que gira de lado a lado guiada por los vientos cambiantes de la conveniencia. Un principio moral es una brújula fijada para siempre y siempre verdadera y esto es tan importante en los negocios como lo es en el salón de clase".

3. Administra tus decisiones según la guía para la integridad

Carole Black, presidenta y directora ejecutiva de Lifetime Entertainment Services, la compañía dueña de Lifetime Television, tuvo que manejar una decisión difícil durante la primavera de 2002. La empresa había adquirido un compromiso con una campaña llamada "No más violencia contra las mujeres". Toda la programación original de la empresa estaba dedicada a apoyar esa causa. Empezando febrero el *rating* arrasaba. Sin embargo, Black estaba convencida de que los *ratings* de Lifetime sufrirían por esto. Debía decidir si cambiar la programación del canal o mantener el compromiso de la organización. Ella no vaciló.

"Le advertí a la alta gerencia que haríamos este compromiso", recuerda, "y que probablemente seríamos afectados por los ratings". Para su sorpresa, Lifetime tuvo el mejor febrero de la historia. "Es tal como mi abuela me enseñó", dice Black, "si haces lo correcto, serás recompensado".

Cuando se trata de ética, algunas veces es fácil tomar decisiones importantes. La mayoría de nosotros no tenemos un momento difícil tratando de decidir no cometer asesinato. Pocas personas son tentadas a robar un carro o a ingresar en la casa de otro. No obstante, las cosas más pequeñas pueden resultar más difíciles de manejar. Hay un viejo dicho popular que dice: "Dios está en los detalles". Puedes decir, también, la ética está en los detalles.

Cuando empecé a trabajar en este libro, hable con mi amigo Ken Blanchard. Él escribió un libro con Norman Vincent Peale, llamado *The power of ethical management (El poder de la gerencia ética)*, en el cual ellos hacen tres preguntas centrales con respecto a la toma de decisiones éticas: ¿es legal?, ¿es equilibrada? Y ¿cómo me hará sentir acerca de mí mismo? Siento mucho respeto hacia Ken, él me relató una historia que ilustra lo crítico que resulta administrar nuestras decisiones basados en la regla de oro:

Un día un empleado de la empresa de Ken le dijo: "Tengo un problema con su pasaje aéreo".

"¿Cuál es?", respondió Ken.

"Usted viajó para hablar con un cliente en Chicago el mes pasado, pero usted ya había volado allí debido a otro compromiso con otro cliente. Cuando ellos firmaron el contrato, acordaron pagar su tiquete de ida y vuelta, ¿cómo voy a cobrarle a este cliente su tiquete?".

¿Qué harías en esa situación? ¿Le cobrarías el viaje completo, ya que el cliente acordó pagarlo? O ¿facturarías únicamente el valor incurrido? Ken decidió tratar a su cliente de la misma manera que le habría gustado ser tratado en esa misma situación. Le facturó a cada cliente la mitad.

Cuando administras tu vida y todas las pequeñas decisiones basado en una guía como la regla de oro, generas previsibilidad ética en tu vida.

Para ser digna de confianza, una persona debe ser predecible. Cuando administras tu vida y todas las pequeñas decisiones basado en una guía como la regla de oro, generas previsibilidad ética en tu vida. Los demás tendrán confianza en ti, sabiendo que constantemente harás lo correcto.

4. Dile a los demás que te pidan cuentas por tus acciones

¿Alguna vez alguien se quedó mirando por encima de tu hombro mientras trabajabas en un proyecto o tarea? Si es así, lo más probable es que no te haya gustado. A casi nadie le agrada. Y nos agrada aún menos cuando alguien nos cuestiona para asegurarse de que estamos siendo honestos y responsables. Sin embargo, eso es lo que estoy sugiriendo, que invites a otros a hacerlo, si deseas vivir bajo la regla de oro. Nada ayuda más a una persona para mantenerse honesta que hacer rendición de cuentas.

Es irónico, no nos gusta que nos recuerden nuestros defectos y no nos gusta que nuestras deficiencias sean expuestas ante los demás. Pero si deseamos crecer, debemos enfrentar el dolor de exponer nuestras acciones a otros. La integridad es el fundamento en la vida de una persona y la rendición de cuentas es la piedra angular, pues le da forma a nuestro deseo de vivir bajo un alto estándar ético.

En la marina de los Estados Unidos, los oficiales rinden cuentas a sus superiores. Pero el excapitán Mike Abrashoff, autor de *It's your ship*, dice que incluso se mantenía a un nivel más alto del que se requería en el servicio. Durante su carrera, continuamente se sometió a sí mismo a la prueba del *Washington Post*: no haría nada de lo que no se sintiera orgulloso de leer en el periódico al día siguiente. ¡Qué idea tan maravillosa!

NEGOCIACIÓN EN LA REGLA DE ORO

Cuando lees acerca de las vidas de grandes hombres y mujeres, puedes saber si uno de ellos vivió una vida de 24 quilates. Una de mis favoritas es la historia de J.C. Penney, el fundador de las tiendas por departamentos que llevan su nombre. Hijo de un granjero, Penney creció en Missouri. Su padre comenzó a forjar el carácter de Penny a temprana edad enseñándole el trabajo duro, la autoconfianza y la regla de oro. Un ejemplo, para comenzar, fue cuando Penny tenía ocho años y estaba obligado a ganar suficiente dinero para comprar su propia ropa.

Para hacer dinero, Penney trabajó y logró reunir $2,50 dólares para comprar un cerdito joven. Luego hizo diferentes tareas para sus vecinos con el fin de reunir desperdicios para el animal y ponerlo a engordar. Cuando lo vendió durante la temporada de beneficio animal, obtuvo una buena ganancia. Al ver los beneficios de su negocio, compró una docena de cerdos para la temporada siguiente y reunió restos de maíz de la granja después que los recolectores terminaban de recoger la cosecha. Los cerdos estaban creciendo bien y Penney esperaba obtener un gran beneficio en el otoño. Pero, un día, su padre le hizo venderlos, debido a que los vecinos se quejaban por el olor. Penney comentó: "Fue el final de la temporada de cerdos. Pero mi padre vivía guiado por la regla de oro en relación con sus vecinos y era importante para él que yo viera que debía hacerlo también".

Cuando Penny creció, se dio cuenta que tenía un don para negociar y trabajó en eso continuamente. Su padre lo alentaba y se cercioraba de que siempre fuera escrupulosamente honesto y también le ayudó a obtener su primer trabajo en una tienda de mercancías secas en Hamilton, Missouri. Allí J.C. Penney aprendió su oficio. Con el tiempo, pasó a otras tiendas, siempre trabajando duro y tratando a los demás de la forma que deseaba para sí mismo. En un almacén, cuando descubrió que los mismos calcetines estaban etiquetados con diferentes precios con el fin de aprovecharse de los clientes desprevenidos, renunció. Finalmente, trabajó en una tienda en la que fue invitado a convertirse en socio. Era tan bueno en su oficio, que le ofrecieron una sociedad en unas tiendas adicionales que planeaban abrir. Y cuando los dueños originales quisieron dejar el negocio, Penney les compró su parte.

Penney tenía la visión de una cadena de almacenes a lo largo del oeste de los Estados Unidos. Su método era encontrar hombres honestos y trabajadores, y enseñarles su método de negocios. Si ellos tenían éxito administrando su tienda y entrenaban a otro hombre para hacer lo mismo, él les ofrecía una sociedad en una tienda nueva, así como le sucedió a él. "Pienso que si elegimos a los hombres correctos y los entrenamos adecuadamente, todos serán atrapados por el espíritu de la idea de asociación", le dijo al primer gerente que invitó a ser socio de una tienda.

¿Y cómo se llamaron esas primeras tiendas? El las nombró de acuerdo a su filosofía de negocios. Se llamaron las tiendas de la regla de oro. "Por lo tanto", explicó Penney: "Al establecer un negocio bajo el nombre y el significado de la regla de oro, estaba vinculándome públicamente a mí mismo y a mis relaciones laborales a un principio que ha sido una parte real e íntima de mi educación familiar. Para mí el nombre de la tienda era mucho más que una marca comercial".

A pesar de que Penney cambió los nombres de sus tiendas cuando su organización se expandió, jamás dejó de vivir y trabajar guiado por la regla de oro, poniendo la sociedad por encima de las ganancias. Afirmó su filosofía brevemente de esta manera: "El dinero es un subproducto adecuado de construir hombres como socios".

Penney trabajó e hizo sociedades por muchos años. Finalmente, le entregó el negocio a una de las personas que había convertido en socio, un hombre con quien había trabajado en sus primeras tiendas. Penney vivió una vida de veinticuatro quilates, tratando a los demás con respeto, dándoles valor en los negocios y suministrando la mejor mercancía posible. Penney vivió 95 años.

Hay un viejo refrán que dice que cuando uno es exprimido, lo que sea que haya adentro saldrá. Creo que es verdad. Pero también sé que una persona no puede desarrollar una vida de veinticuatro quilates de la noche a la mañana. Penney fue un afortunado, sus padres lo entrenaron en la regla de oro desde la infancia y él la adoptó para su vida. Si tuviste esa clase de crianza, agradece a tus padres. Si no, no es tarde para cambiar. Thomas Addington y Stephen Graves, editores de la revista *Life at Work* afirman: "No podemos crecer en carácter después de un seminario o curso rápido de fin de semana, cuando de repente un día nos damos cuenta que necesitamos más. Es imposible. No podemos convertirnos en astronautas o en un pescador con mosca de clase mundial o en un albañil experto después de un fin de semana de aprendizaje en un microondas".

Empieza hoy adoptando la regla de oro como tu guía para la integridad y luego administra tus decisiones basado en ella. Y serás capaz, también, de vivir una vida de veinticuatro quilates.

PREGUNTAS DE DISCUSIÓN

1. ¿Cómo puede un carácter pobre limitar a los deportistas universitarios o profesionales en sus vidas y carreras? ¿Cómo puede un carácter pobre ir en contra de alguien más en el área de su carrera? Explica.

2. ¿Has conocido a alguien que adopte una posición ética y viva de manera diferente? ¿Qué tanta credibilidad tiene esa persona? ¿Cómo impacta eso su vida y trabajo?

3. Qué es más difícil para ti: ¿tomar una decisión ética solo cuando nadie se entera o tomar una decisión ética cuando los demás están presionándote para que te conformes con un estándar más bajo que el tuyo? Explica.

4. En términos de rendición de cuentas, ¿qué se ha puesto en marcha en tu profesión o carrera? ¿Piensas que es eficaz? Explica.

5. ¿Alguna vez ha habido alguien en tu vida de quien hayas solicitado rendición de cuentas? ¿Cómo era esa relación? ¿Podrías clasificarla como exitosa? ¿Por qué?

6. ¿Quién en tu vida es un candidato actual para la posición de pedirle cuentas?

~

CAPÍTULO

CINCO

~

Cinco factores que pueden "opacar" la regla de oro

En el capítulo 4, hablamos de Mark Richt y cómo su enfoque en la construcción de carácter tuvo resultados en el éxito de los Bulldogs de Georgia y en una alta calificación nacional. Pero, en algunas ocasiones, las decisiones éticas no tienen esos finales felices. Ese fue el caso de Mike Slaughter, entrenador principal del equipo de fútbol del Colegio Marquette Catholic en Alton, Illinois.

Durante la temporada del 2002, Slaughter tenía lo que él llamó "un equipo único en la vida". Su registro era 10–0 y estaban enfocados en el campo para ganar el primer campeonato de la escuela. Slaughter estaba viviendo el sueño de todo entrenador. Pero luego, una noche, dieciséis de sus jugadores, todos de primera línea, fueron arrestados por consumo de alcohol en una fiesta. El grupo incluía al propio hijo de Slaughter. El entrenador había dicho siempre a sus jugadores que, si se metían en problemas con alcohol, tabaco o drogas, los suspendería del equipo. Así que, él debía tomar una decisión.

Él suspendió a los jugadores. "Todo se reduce a la rendición de cuentas", dijo Slaughter. "Ellos rompieron las reglas". Y le dijo a su hijo, a quien recogió de la oficina del comisario: "Hijo, todo lo que puedo decirte es que no hiciste lo correcto. Siempre te amaré, pero debes aprender de esta lección".

Los jugadores suspendidos en realidad aprendieron, y cuando llegó el gran juego, se vistieron y se sentaron en la banca para animar a sus compañeros de equipo. ¿Y los jugadores de segunda y tercera línea se levantaron y ganaron el gran juego para su entrenador ético y luego pasaron al campeonato estatal? No. Marquette perdió 63–0. Pero Slaughter no se lamenta acerca de su decisión. En años pasados, recibió llamadas telefónicas que le decían que alguien que conocía había muerto por conducir ebrio. Él es consciente de que tomó la decisión correcta y dice: "Es raro que tengamos tanta publicidad por hacer lo que consideramos correcto".

DEBILITANDO LA REGLA DE ORO

Hacer lo correcto recibe mucha atención por estos días. ¿Por qué? Debido a que es noticia cuando alguien practica la regla de oro, experimenta consecuencias negativas por hacerlo y, sin embargo, se contenta porque hizo lo correcto.

Enfrentémoslo, existen muchas cosas que seducen a la gente a cruzar el límite de la ética. Debido a que he trabajado con personas y dirigido organizaciones por más de 35 años, he visto, desafortunadamente, a muchos comprometer sus estándares. Y puedo decirte que, después de trabajar con gente de casi todos los grupos socioeconómicos en más de una docena de países alrededor del mundo, creo que esto se debe a cinco cosas. Estos son los cinco factores que entran en juego cuando alguien compromete su ética:

1. Presión

Muchas de las violaciones éticas que continúan apareciendo en la América corporativa hoy en día se deben a que los ejecutivos están "cocinando los libros". Lo hacen para que sus organizaciones parezcan más exitosas de lo que realmente son. Aparentemente, ese fue el caso de Enron. Cynthia Harkness, una abogada de Enron, relató que el presidente de la compañía, Andrew Fastow, le enseñó el concepto de monetización, en el cual las ganancias futuras se registran en libros de contabilidad de inmediato. Ella le respondió: "Andy, me parece a mí que si haces un negocio a diez años y recoges todas las ganancias en un año, entonces tendrías que mantener las utilidades a través de los años cuatro, cinco, seis y todo el camino hasta el diez, haciendo más de estos negocios... ¿Cómo vas a hacer eso si el mercado cambia? ¿Registrar más negocios?".

"Sí", fue su respuesta, "tenemos que hacer más de esos negocios cada año". Y con cada negocio, la presión de registrar más aumentará. Eso tiene que terminar en algún lado y lo hizo: con la implosión de Enron.

Según Linda Treviño, profesora de comportamiento organizacional de la escuela de administración de negocios Penn State's Smeal: "Las brechas éticas son, a menudo, el resultado de la cultura corporativa o la presión de la gerencia, la cual puede aparecer cuando una compañía se encuentra incapaz de vivir de acuerdo con las previsiones financieras o expectativas e intenta cambiar las reglas para alcanzarlas".

En nuestra cultura acelerada, pienso que cada persona siente algún tipo de presión. Y con esta aparece la tentación de tomar atajos o de moldear la verdad. Los ejecutivos sienten la presión de incrementar el valor de la acción, los vendedores, de hacer más ventas y los estudiantes, de obtener calificaciones mayores. Nadie escapa a la presión. Así que la pregunta es: ¿cómo la van a manejar?

Cuando te enfrentas a la presión, presta atención a cómo puedes ser tentado para comprometer tus valores y formúlate algunas preguntas difíciles:

- **¿Voy a tomar decisiones emocionales imprudentes?** La presión genera tensión y la tensión puede producir algunos momentos emocionales. Algunas personas tienen momentos difíciles en tales situaciones y toman decisiones erróneas que los impactan a sí mismos y a los demás. ¿Cómo puedo protegerme de eso?

- **¿Voy a comprometer la verdad?** Para algunos es casi imposible admitir que cometieron un error. ¿Estoy dispuesto a adherirme a la verdad, aun si no estoy de acuerdo con ella?

- **¿Voy a tomar atajos?** Alguien dijo una vez que la distancia más larga entre dos puntos es un atajo. Aunque puede ser cierto, la presión nos tienta a considerar caminos más fáciles cuando de otra forma no lo haríamos. ¿Estoy dispuesto dar la pelea para hacer lo correcto?

- **¿Voy a mantener mis compromisos?** Molière dijo: "Los hombres son parecidos en sus promesas, es solo en sus obras que difieren". ¿Voy a mantener mi palabra y seguir adelante así duela?

- **¿Voy a arrodillarme ante las opiniones de los demás?** Algunas personas son especialmente susceptibles ante las opiniones de los demás. Eso me sucedió a mí durante los cinco primeros años de mi carrera. ¿Haré lo que sé que es correcto aun si es poco popular?

- **¿Haré promesas que puedo cumplir?** Samuel Johnson dijo: "No debemos elevar las expectativas que no podemos satisfacer. Es más agradable ver humo brillando dentro de la llama, que la llama ahogándose dentro del humo". ¿Cómo voy a mantener mis promesas para que no se vuelvan humo?

> *Los hombres son parecidos en sus promesas, es solo en sus obras que difieren.*
> (Molière)

Con el propósito de tomar buenas decisiones bajo presión, necesito algunos recordatorios de lo que está en juego. Primero, le rindo cuentas a Dios. Segundo, le rindo cuentas a mi familia. Y mantengo recordatorios a mi alrededor todo el tiempo. En mi oficina tengo fotos de Margaret con mis hijos y nietos, no olvido que esas personas dependen de que yo haga lo correcto. Una de mis definiciones de éxito es que aquellos muy cercanos a mí me aman y respetan al máximo.

Los recordatorios son valiosos, pero no son suficientes. También necesito sistemas para mantenerme en el ruedo. Por ejemplo, si debo tomar una decisión bajo presión, tomaré el tiempo para escribir el problema y la solución sin actuar a la carrera. Escribo las promesas que hago para no olvidarlas fácilmente. También le hablo a mi asistente, Linda Eggers, para que me recuerde mis decisiones y promesas y no pasarlas por alto. Le sugiero que haga cosas similares. Haz lo que debas hacer para mantenerte firme bajo presión.

2. Placer

En *The Road Less Traveled (El camino personal)*, el siquiatra M. Scott Peck cuenta la historia de cómo recibió una bicicleta cuando tenía nueve años. Una de las cosas que descubrió fue la emoción de montar en su bicicleta rápidamente descendiendo de una colina. Pero pronto aprendió que la búsqueda de emociones descontrolada conlleva al dolor. En una oportunidad, cuando él bajaba por la colina, decidió que intentaría tomar la curva al final de la pendiente sin disminuir velocidad. Sufrió un accidente terrible. Afirmó: "No estaba dispuesto a sufrir el dolor de renunciar a mi velocidad con el fin de mantener mi equilibrio en la curva".

La infancia de Peck no es muy diferente a la forma en que la mayoría de los adultos viven su vida. Aceptémoslo, vivimos en una sociedad hedonista. Por décadas, la gente en Estados Unidos fue alentada por las palabras "si se siente bien, hazlo". Pero esa actitud nos dejó un terrible legado: deuda descontrolada, bancarrota, divorcio y drogadicción. El deseo de placer puede ser un amo desastroso. El hecho es que los placeres que la mayoría de nosotros perseguimos son de corta vida y nos dejan insatisfechos. Las cosas que nos tientan, rara vez, nos dan lo que prometen. El poeta Robert Browning Hamilton nos dio una visión de esa verdad cuando escribió estas palabras:

> Caminé una milla con el placer. Ella charló todo el camino, pero me dejó sin enterarse de todo lo que tenía que decir.
>
> Caminé una milla de tristeza y nunca una palabra dijo, pero, ¡oh!, ¡las cosas que aprendí de ella cuando el dolor me acompañó!

Si lo permitimos, el deseo por el placer o confort nos hablará y haremos cosas de las cuales nos arrepentiremos después de todo.

¿Cuál es la respuesta para la atracción del placer? Lo primero es alejarse de la tentación. En *Following the Equator (Siguiendo el Ecuador)*, Mark Twain afirmó: "Existen varias buenas precauciones contra la tentación, pero la más segura de todas es la cobardía". Si reconoces que eres, especialmente, susceptible ante un placer que te tienta a cruzar la línea de la ética, ponte fuera de peligro. Cuando la veas venir, cruza hacia el otro lado de la acera. La mejor manera de evitar la tentación es prevenirla.

La segunda clave es desarrollar disciplina. En *Reasons to Be Glad*, el autor Richard Foster escribió:

> La persona disciplinada es aquella que puede hacer lo que se debe hacer cuando debe ser hecho. La persona disciplinada es aquella que puede vivir en la conveniencia del tiempo. El austero extremo y el glotón tienen exactamente el mismo problema: no pueden vivir apropiadamente, no pueden hacer lo que deben ni cuando deben. La persona disciplinada es una persona libre.

Es irónico, pero, para ganar libertad, necesitas contener tus emociones con disciplina. Eso requiere carácter. Una de las mejores formas para desarrollar disciplina es retrasar la satisfacción.

Nuestra generación no lo hace bien. Somos personas de horno microondas, queremos todo en el momento. La generación de mis padres, quienes sobrevivieron a la Gran Depresión y pelearon en la Segunda Guerra Mundial, parece más disciplinada. David Callahan, en su libro *Kindred Spirits: Harvard Business School's Extraordinary Class of 1949*, estudió a una clase de egresados que comprendía, en su mayoría, (un 91%) veteranos de guerra. Él comparó a esos

> *La persona disciplinada es aquella que puede hacer lo que se debe hacer cuando debe ser hecho.* (Richard Foster)

egresados, quienes salieron a liderar muchas grandes empresas como Johnson & Johnson y Capital Cities /ABC, con los ejecutivos promedio de hoy. "Ahora" dice Callahan, "existe muy poco sentido de sacrificio, de tener que aplazar la satisfacción. Se trata más de obtener algo para sí mismos".

Los líderes de negocios que han perdido sus corazones antes los placeres y posesiones, lamentablemente, se hacen indignos de la confianza de sus seguidores. Cualquiera que ame el placer más que la verdad tendrá problemas y se llevará a otros con él.

3. Poder

Muchos de los escándalos recientes en diferentes empresas en los Estados Unidos han sucedido debido a que los ejecutivos abusan del poder de sus posiciones. Ellos empiezan a pensar que los bienes de las empresas que cotizan en la bolsa son de su propiedad personal. Desafortunadamente, para muchas personas, tener poder es como beber agua salada. Entre más bebas, más sed tendrás. Los padres fundadores de nuestra nación reconocieron este problema y crearon un gobierno con tres ramas, para tener controles y balanzas en el poder. Por lo que el expresidente de Estados Unidos, John Adams, dijo: "Ningún hombre es lo suficientemente sabio como para que se le confíe poder ilimitado".

> *Tener poder es como beber agua salada. Entre más bebas, más sed tendrás.*

Harriet Rubin, autora de dos libros sobre el poder, llama a los jefes egocéntricos que prosperan en el poder "ejecutivos narcisistas". Ella los describe de la siguiente manera: "Ellos se embriagan y a ti te da el dolor de cabeza... Ellos nunca agradecen y usan a las personas como pañuelos desechables". El experto en liderazgo y sicoanalista, Abraham Zaleznik, afirma que muchos ejecutivos desarrollan un sentido de derecho. Tales ejecutivos: "Vienen a creer que él y la institución son uno solo. Así que, pueden tomar lo que deseen y cuando lo deseen".

Bruce Horovitz, de *USA Today*, bromea acerca de este tipo de comportamiento. El llama a lo que está sucediendo en la América corporativa el *Síndrome de la tortuga Yertle*. En el libro con ese título, escrito por el Dr. Seuss, Yertle, la tortuga rey, quien es ama de todo lo que ve, agranda su reino ordenando a todos sus habitantes apilarse en forma de torre con ella parada en la parte superior. Pero todo termina estrellándose contra el suelo.

Las personas que son especialmente sensibles al poder generalmente experimentan un ciclo que sigue este patrón:

- **La recepción del poder:** el poder por sí mismo es neutral, como el dinero. Es una herramienta que puede ser usada para bien o para mal. Pero puede ser peligrosa, especialmente para personas que alcanzan el éxito rápida y fácilmente y reciben poder antes de estar preparados para hacerlo.

- **El abuso de poder:** uno de los peligros del poder es que aquellos a quienes se les ha otorgado convierten su preservación en su principal preocupación. Ellos no entienden que el poder que han recibido, ya sea en los negocios, gobierno, ministerio o relaciones, ha sido conferido a ellos con el propósito del servicio. Aquellos que quieren mantener su poder a toda costa son más propensos a comprometer su estándar ético que a mantenerlo.

- **La pérdida de poder:** inevitablemente, cualquiera que abuse del poder pierde poder. Los presidentes abusivos, como los dictadores, están viviendo un tiempo prestado.

Quienes abusan del poder ven las cosas como Robert Greene, autor de *The 48 Laws of Power (Las 48 leyes del poder)*. Él recomienda una línea de conducta contraria a la de la regla de oro, él dice:

Manten a la gente fuera del equilibrio y en la oscuridad, jamás revelando el propósito detrás de tus acciones. Si ellos no tienen idea de lo que haces, no pueden preparar una defensa. Guíalos suficientemente lejos por el camino equivocado, envuélvelos en humo y, cuando ellos se den cuenta de tus intenciones, será demasiado tarde. La reputación es la piedra angular del poder. A través solamente de la reputación, puedes intimidar o ganar. Una vez que esta se cae, eres vulnerable y serás atacado por todos los lados. Haz que tu reputación sea inatacable.

La imagen de una persona, la cual Greene describe como "reputación", es como una sombra, pero el carácter es la sustancia real de una persona. Para alcanzar éxito a largo plazo y vivir éticamente, no te preocupes por crear una buena imagen. Mejor trabaja para hacer que tu *carácter* sea inatacable.

El poder es como un río poderoso, mientras mantiene su curso, es una cosa útil y hermosa. Pero cuando se desborda, trae una gran destrucción. ¿Cómo hacer para mantener el poder dentro de su curso? Sigue el consejo del Presidente de los Estados Unidos Harry Truman, quien

Si un hombre puede aceptar una situación en un lugar de poder con el pensamiento de que es temporal, sale bien librado. Pero, cuando piensa que él es el causante del poder, esta puede ser su ruina.
(Harry Truman)

recomendó: "Si un hombre puede aceptar una situación en un lugar de poder con el pensamiento de que es temporal, sale bien librado. Pero cuando piensa que es el causante del poder, esta puede ser su ruina". Cualquiera que piense que está protegiendo su poder demasiado, es mejor que empiece a evaluar su carencia de ética. El poder puede ser terriblemente seductor.

4. Orgullo

No puedes pensar automáticamente que el orgullo es una trampa potencial que puede socavar la ética y trabajar en contra de la práctica de la regla de oro. Después de todo, ¿no es la gente exhortada a sentirse orgullosa de su trabajo? ¿No recompensamos el buen comportamiento de nuestros hijos diciéndoles que nos sentimos orgullosos de ellos? ¿No son alentados los estudiantes a desarrollar orgullo en su colegio?

Es bueno sentirse valioso por lo que se es, así como tener confianza en lo que podemos lograr. Sin embargo, tener un sentido exagerado de autoestima puede ser muy destructivo. La literatura sapiencial está llena de advertencias sobre el orgullo y su impacto negativo. Observa estas afirmaciones acerca del orgullo, tomadas del libro de los proverbios:

El orgullo está en el fondo de todos los grandes errores. (John Ruskin)

- Al orgullo le sigue la destrucción.
- Con el orgullo viene el oprobio.
- El orgullo solo genera contiendas.
- El altivo será humillado.

El escritor del siglo XIX y crítico de arte, John Ruskin, afirmó: "El orgullo está en el fondo de todos los grandes errores". ¿Qué es lo que hace tan negativo al orgullo? El profesor y apologeta cristiano, C.S. Lewis, escribió una perspectiva sobre el orgullo con gran visión. Él creía que el orgullo conlleva a todos los demás vicios:

> ¿Esto te parece exagerado? Si es así, piénsalo de nuevo. Afirmé hace un momento que entre más orgullo se tiene más nos desagrada el orgullo en los demás. De hecho, si quieres saber qué tan orgulloso eres, la forma más sencilla es preguntándote a sí mismo: "¿qué tanto me desagrada cuando otras personas me hacen desaires o se niegan a tenerme en cuenta?". El punto es que el orgullo de cada persona está en competencia con el orgullo de todas las demás. Es por eso que, queriendo ser el centro de atención en la fiesta, estoy tan molesto porque alguien más lo sea. Ahora, lo que debes tener claro es que el orgullo en esencia es competitivo, lo es por su propia naturaleza, mientras que otros vicios son competitivos únicamente

por accidente. El orgullo no se complace cuando se logra algo, solamente cuando logra algo más que la siguiente persona. Decimos que las personas son tan orgullosas por ser más ricas, más listas o con mejor apariencia que los demás. Si todos fuéramos igualmente ricos, listos o bien parecidos, no habría nada de que sentirnos orgullosos. Es la comparación lo que te hace orgulloso: el placer de estar por encima de los demás.

¿Cómo puede la gente tratar a los demás de la forma en que desean ser tratados si su preocupación es vencerlos? No pueden. De hecho, si tu meta es ser el más rico, el más listo o el más guapo, tu enfoque está totalmente sobre ti mismo y tus propios intereses.

Hace varios años, la revista *Time* notó una reducción en la ética de los negocios en Estados unidos en las áreas de política, leyes y medicina, y la atribuyó a la caída del orgullo. En una "obsesión protectora con uno mismo y su imagen", un escritor de la revista concluyó que los miembros de esas profesiones tienden a "barrer las denuncias de la ética bajo la alfombra".

El orgullo no es algo fácil de conquistar. Benjamín Franklin expresó: "No existe tal vez ni una de nuestras pasiones naturales tan difícil de dominar como el orgullo. Véncela, sofócala y mortifícala tanto como puedas y seguirá viva. Aun si consideras que la has vencido completamente, tal vez deberías sentirte orgulloso de tu humildad". Sin embargo, debemos trabajar para superar el orgullo. Este no solo tiene el poder de socavar nuestra ética, sino que puede interferir con nuestro desempeño. Peggy Noonan cita al diplomático alemán del siglo XIX, según el cual, si bien puede ser difícil engañar a un hombre honesto, es fácil engañar a alguien que se cree listo. El orgullo puede cegarlo hasta de sus propias faltas, de las necesidades de los demás y de las trampas éticas que se encuentran en su camino.

5. Prioridades

Jim Collins, el autor de *Built to Last* y *Good to Great (Empresas que perduran y empresas que sobresalen)*, ha realizado una investigación extensiva acerca de lo que hace a las compañías altamente exitosas. Cuando le preguntaron recientemente cuál fue el resultado de su investigación acerca de la importancia de la ética en la construcción de una compañía exitosa, Collins respondió: "Nuestra investigación señala un elemento esencial en cualquier empresa exitosa. Aquellos que son los mejores han construido una serie de valores centrales y viven de acuerdo con ellos".

> *Las cosas importantes no deben estar a la merced de las cosas menos importantes.*
> (Goethe)

Lo mismo aplica para los individuos. Cuando una persona no sabe cuáles son sus prioridades, se encuentra en problemas, debido a que está propenso a tomar decisiones equivocadas. El poeta y novelista Johann Wolfgang von Goethe sugirió: "Las cosas importantes no deben estar a la merced de las cosas menos importantes".

Debo admitir que esta ha sido un área de debilidad en algunas ocasiones para mí. Cuando acepté mi primer trabajo como pastor, mis prioridades estuvieron fuera de control. En esa época, quería ser principalmente aceptado por las personas. Esto me condujo, algunas veces, a tomar decisiones equivocadas. En una ocasión, cuando mi complacencia hacia las personas me llevó a fallar en una de mis responsabilidades principales, experimenté una crisis que me hizo ajustar mis prioridades. Fue durante esa época que decidí que Dios estaría en el primer lugar en mi vida, mi familia estaría en el segundo lugar y mi trabajo en el tercero. Eso no significa que la lucha haya terminado. Todos los días debo administrar mis decisiones basado en esas prioridades. Una cosa es definir nuestros valores y otra cosa es vivirlos cada día.

¿Cuáles son tus prioridades? ¿En cincuenta o cien años lo que haces hoy será todavía importante? La casa en donde vives, el auto que conduces, las vacaciones que disfrutas y el dinero que recibes no significarán mucho. ¿Qué es lo que realmente importa? Si no has definido tus valores, te animo a que lo hagas.

Luego, trabaja duro para hacer que lo poco importante sea importante y que lo importante se convierta en poco importante.

MANTENER ALEJADA LA MANCHA

Como puedes haber notado, hemos hecho una lista de factores que pueden "manchar" la regla de oro. Esto puede parecer una sorpresa, especialmente debido a que la prensa últimamente ha hablado tanto al respecto acerca de los escándalos empresariales. Pero creo que, la mayor parte del tiempo, no es el dinero lo que atrae a la gente a atravesar el límite de la ética. Es lo que pueden conseguir con este. Ellos desean el poder que da el dinero, ya sea poder sobre los demás o sobre las circunstancias. O desean el placer que puede comprarse. O se enorgullecen con el prestigio de las posesiones. Si conoces a alguien que comprometa su integridad por dinero, encontrarás que está motivado por uno de los cinco factores que he mencionado.

Todos somos susceptibles de caer en alguna clase de tentación que comprometa nuestros valores. Pero existe una satisfacción mayor: la que proviene de no cruzar la línea. En algunas ocasiones, debes esperar tal satisfacción, pero siempre llega. Creo que un día, tal vez en veinte años, uno de los jugadores del entrenador Mike Slaughter vendrá a él y le dirá cómo el haber sido suspendido del equipo de fútbol del colegio cambió su vida y lo convirtió en una mejor persona. Ese día, Slaughter será recompensado por algo más valiosos que el mismo campeonato estatal.

PREGUNTAS DE DISCUSIÓN

1. ¿Cuál de los cinco factores es tu área de problema más frecuente: presión, placer, poder, orgullo o prioridades? ¿Por qué crees ser especialmente sensible en esa área?

____

____

____

____

____

2. Cuando te encuentras bajo extrema presión ¿Cómo respondes? ¿Tu reacción natural es liberar la presión a toda costa o intentas crecer y aprender de la experiencia? Da un ejemplo.

____

____

____

____

____

3. La disciplina aprendida en un área de la vida puede ayudar a construir carácter en otras áreas. Describe experiencias de tu vida a través de las cuales aprendiste a retrasar la satisfacción y a desarrollar disciplina. ¿Cómo pueden esas experiencias y las lecciones aprendidas ayudarte a ser más disciplinado en el área en la que actualmente necesitas mejorar? Explica. ¿Cómo harás la transición?

____

____

____

____

____

4. Los grandes líderes parecen estar especialmente propensos al abuso del poder. ¿Cómo te calificarías como líder en una escala de 1 a 10, en donde 10 será el más fuerte? Describe cualquier lucha que hayas tenido con relación a lo que tienes derecho o no de hacer.

____

____

____

____

____

5. Define tus prioridades (es interesante, antes del siglo XX, la palabra prioridad era siempre en singular). ¿Cuáles son tres de las cinco cosas (o personas) más importantes en tu vida? Escríbelas. Ahora piensa en los conflictos que enfrentarás debido a esas prioridades. ¿Cómo navegarás en esos conflictos sin comprometer tu ética?

~

CAPÍTULO

SEIS

~

APRÓPIATE DE TU OPORTUNIDAD DORADA

Pienso que todas las personas están buscando una oportunidad de oro. La gente de negocios, en particular, tiene una visión aguda para tales cosas. Hace poco le pedí a mi asistente de investigación, Kathie Wheat, que buscara en la red el término "oportunidad dorada". Ella me reportó que, en menos de un cuarto de segundo, la búsqueda en Google arrojó 1.310.000 resultados para esa frase. Tú lo pides y aparece una oferta, esperando ser una oportunidad de oro. Puedes comprar franquicias de un restaurante de pollo frío o joyas para matrimonio, puedes inscribirte a clases de yoga, recibir consejos sobre acciones o comprometerte en un programa de reciclaje multifamiliar de residuos sólidos. Había incluso una oferta para desarrollar proteínas recombinantes en huevos de pollo ¡lo que sea!

> *No puedes capitalizar una oportunidad que recibes exteriormente hasta que hayas preparado una base interiormente.*

¿Cómo encontrar una verdadera oportunidad de oro en medio de todas las ofertas hechas de plomo? No busques fuera de ti. La mayoría de personas piensa que las mejores oportunidades provienen de un trabajo, inversión o nicho de mercado. Pero la verdad es que la oportunidad más grande que tienes es hacer cambios en tu interior. Es como ofrecer un cargo para ser parte del equipo olímpico a alguien que no ha sido entrenado para el deporte de tal equipo. La buena noticia es que se te ha concedido la oportunidad de ganar. La mala noticia es que no estás preparado para ello.

UNA COSA LLEVA A LA OTRA

Sospecho que ese fue el problema para algunos presidentes de empresas que arruinaron sus carreras y destruyeron sus compañías en años recientes. Ellos no habían preparado las bases éticas en su interior antes de conseguir el poder. Su carácter débil los llevo a tomar malas decisiones y, con cada elección, se metieron en peores problemas. Los problemas de carácter tienden a crecer como una bola de nieve. C. S. Lewis dio una visión de este proceso usando una metáfora militar:

El bien y el mal aumentan por intereses compuestos. Es por eso que las pequeñas decisiones que tú y yo tomamos todos los días son de importancia infinita. El más pequeño acto hoy es la captura de un punto estratégico a partir del cual, unos meses más tarde, serás capaz de ganar victorias que nunca soñaste.

Un desenfreno trivial en lujuria o en ira hoy es la pérdida de una línea de ferrocarril o de un puente desde el cual el enemigo puede lanzar un ataque que de otra manera sería imposible.

Si deseas ser capaz de alcanzar oportunidades doradas, entonces primero busca desarrollar un carácter fuerte. Eso te alistará para enfrentarte a cualquier desafío ético que pueda deparar el futuro y aprovechar al máximo tus posibilidades cuando llegue el momento. Así te sugiero proceder:

1. Responsabilízate de tus acciones

El Presidente de los Estados Unidos, Woodrow Wilson, dijo: "La responsabilidad es proporcional a la oportunidad" ¿Qué significa eso? Que una persona responsable puede confiar en sí misma para hacer la elección correcta en lugar de la elección más simple. Esta persona se toma seriamente las palabras del historiador Will Durant, quien dijo: "Nunca importa tu felicidad, haz tu deber".

Una persona responsable puede confiar en sí misma para hacer la elección correcta en lugar de la elección más simple.

En alguna ocasión escuché a alguien decir que la frustración es "no tener a quien culpar sino a ti mismo". Pero rara vez las personas que juegan el juego de la culpa obtienen muchas oportunidades de oro. Y las pocas oportunidades que tienen se les escapan entre los dedos. Cuando eso sucede, escuchas argumentos de por qué no fue su culpa. Sus excusas siempre caen en tres categorías:

- Los ahorcados: quienes culpan a las circunstancias de la vida
- Los explotados: quienes culpan a problemas personales pasados y heridas
- Los contrarios: quienes culpan a los demás por obstaculizarlos

Si deseas ganar la confianza de los demás y alcanzar muchas cosas, debes responsabilizarte por tus acciones. Winston Churchill estaba en lo cierto cuando llamó a la responsabilidad como "El precio de la grandeza". También es la base para las oportunidades.

2. Desarrolla disciplina personal

Recientemente vi los resultados de una encuesta que dice que el 82% de los ejecutivos corporativos admiten hacer trampa en el golf, y 72% cree que las acciones en los negocios y en el golf son paralelas. ¿Cómo es posible que, si la gente ve el paralelo entre los juegos y la vida, aun elijan coger atajos? Creo que la respuesta es que ellos carecen de disciplina. Las personas que fallan desarrollando disciplina personal son a menudo tentadas a hacer trampa para mantenerse al día. En las palabras de H. Jackson Brown: "El talento sin disciplina es como un pulpo en patines, hay mucho movimiento, pero nunca se sabe si será para adelante, para atrás o hacía los lados".

El clérigo y profesor de la Universidad de Oxford del siglo XIX, H.P. Liddon dijo: "Lo que hacemos en alguna gran ocasión dependerá probablemente de lo que somos en el momento y lo que somos es el resultado de los años previos de autodisciplina". Las personas que desean mejorar su carácter y sus oportunidades para tener éxito deben disciplinarse a sí mismas cuando se trata de:

- **Tiempo:** como es imposible controlar cuánto tiempo tienes, debes controlar cómo lo usas
- **Energía:** siempre debes esforzarte para usar tu fuerza en tus fortalezas

- **Metas:** no puedes hacerlo todo, así que debes disciplinarte para hacer las cosas importantes
- **Estado de ánimo:** si no controlas tus emociones, ellas te controlarán

Lo que hacemos en alguna gran ocasión dependerá probablemente de lo que somos en el momento y lo que somos es el resultado de los años previos de auto disciplina. (H.P. Liddon)

La gente exitosa que trabaja bien con los demás y que disfruta los desafíos así como las oportunidades no ve la disciplina como algo negativo o restrictivo, la acepta. Vince Lombardi, el entrenador legendario de los Green Bay Packers de la NFL afirma: "Nunca he conocido a un hombre que se precie de que, en el largo plazo, en el fondo de su corazón, no apreciaba la rutina, la disciplina".

3. Conoce tus debilidades

Una tarde, en Sagamore Hill, en la casa del Presidente Theodore Roosevelt en Nueva York, el naturalista William Beebe salió a la calle con su anfitrión. Roosevelt miró el cielo estrellado y, encontrando un pequeño resplandor por debajo de la esquina de la constelación de Pegaso, dijo: "esa es la galaxia en espiral, Andrómeda. Es tan larga como nuestra vía láctea, está compuesta de cientos de millones de soles y es una de los cientos de millones de galaxias". Luego Roosevelt miró a Beebe y le dijo: "Ahora que lo pienso, somos demasiado pequeños ¡vámonos a dormir!".

Theodore Roosevelt era muy bueno poniendo las cosas en perspectiva, en parte debido a que se conocía a sí mismo y conocía sus debilidades. Como expliqué en *Las 21 leyes irrefutables del liderazgo*, Roosevelt era débil, enfermizo, asmático y bajo de peso cuando niño. Consciente de esto, se dedicó a fortalecer su cuerpo, trabajó como vaquero, practicó caza, luchó en batallas como oficial de caballería y boxeó. Él dejo de ser un chico debilucho y paso a ser nuestro más enérgico Presidente.

Estar atento es estar prevenido. Aquellos que conocen sus debilidades rara vez son tomados por sorpresa y tampoco permiten que los demás exploten sus áreas de debilidad. Por el contrario, las personas que se engañan a sí mismas o que pretenden ser fuertes cuando no lo son, están destinadas al fracaso.

4. Alinea tus prioridades con tus valores

La integridad puede describirse como la alineación de tus creencias y tus acciones. Cuando los individuos dicen que creen en algo y luego deliberadamente hacen otra cosa,

La integridad puede describirse como la alineación de tus creencias y tus acciones.

es obvio que carecen de integridad. ¿Pero qué sucede con alguien que no se da cuenta que sus acciones contradicen sus creencias?, aunque no sea deliberado, esta persona tiene un problema de integridad.

La definición más básica de integridad incluye la idea de que algo o alguien es un todo completo. Si afirmas una cosa pero haces otra, estás dividido. Y como afirmó el Presidente Abraham Lincoln, una casa dividida contra sí misma no puede permanecer. La solución es simple, aunque no necesariamente fácil. Define tus valores y luego alinea tus prioridades.

5. Admite las malas acciones rápidamente y pide disculpas

Algo que ha caracterizado a casi todas las quiebras recientes de empresas de alto perfil ha sido una especie de cubierta. Los ejecutivos de Enron, Tyco y WorldCom intentaron esconder cualquier mala acción. Por supuesto, esa actitud no se da solamente en el mundo de los negocios. Las personas de poco carácter en cualquier profesión son las más propensas a usar cubiertas en lugar de confesar sus acciones.

Observa el caso de Robert Torricelli, exsenador de New Jersey. Después de aceptar numerosos regalos y más de $53.000 dólares en contribuciones ilegales para su campaña, Torricelli afirmaba que no había hecho nada malo, aun después de que el Comité de ética del Senado lo "amonestara gravemente". Y, más tarde, cuando se retiró de la competencia por una curul en el senado, su discurso de despedida estuvo lleno de autojusticia. En un momento, él defendió su carrera diciendo: "Esta es mi vida... estoy orgulloso de cada día de ella y no cambiaría ni un poco". Pero, más adelante, lamentó: "¿en qué momento nos convertimos en personas incapaces de perdonar?, ¿cuándo dejamos de creer y confiar en los demás?". Las personas son capaces de perdonar y de confiar cuando los individuos que cometen errores son sinceros y piden disculpas.

Contrario a las acciones de Torricelli están las de Harry Kraemer, presidente de Baxter Internacional, una empresa fabricante de suministros médicos. En el año 2001, cuando los pacientes con diálisis que usaban los filtros de esta compañía empezaron a fallecer, él recogió del mercado los productos a manera de precaución, abrió una investigación interna al respecto y contrató expertos para buscar posibles defectos. Rápidamente, extendió sus condolencias a los familiares de los pacientes afectados. Finalmente, aunque Kraemer pudo haber ejercido el control de daños e intentado culpar a cualquier otra cosa; en lugar de eso, sacó el producto del mercado y cerró una división de la empresa, lo cual le costó a Baxter $189 millones de dólares. Él les comentó el problema a productores de la competencia que podrían llegar a experimentar dificultades similares. Actuó de esa manera porque era lo correcto. Además, recomendó al comité de compensación de la junta directiva que su bonificación por desempeño fuera reducida por lo menos en un 40% durante ese año.

Kraemer es reconocido por ser implacablemente auténtico. "Harry vive su vida de la manera que nos gustaría vivirla a la mayoría", dijo Donald P. Jacobs, decano emérito del Kellogg School. "Lo que Harry dice que cree puede ponerlo en el banco. La forma en que trata a sus colaboradores es la forma en que él desea ser tratado". Kraemer sacó lo mejor de una situación terrible con integridad y actuando de acuerdo con la regla de oro. ¿Quién puede pedir más?

6. Ten extremo cuidado con las finanzas

Si deseas saber algo acerca del carácter de los individuos, observa cómo manejan el dinero. El fabricante de autos, Henry Ford, afirmó: "El dinero no cambia a los hombres, simplemente los desenmascara. Si un hombre es naturalmente egoísta o arrogante o ambicioso, el dinero lo sacará a la vista, eso es todo". ¿Son las personas generosas con el dinero de los demás pero egoístas con el propio? ¿Insisten en que cada transacción claramente los beneficie? ¿Toman atajos para acumular más riqueza? ¿Qué lugar ocupa el dinero en sus vidas?

La gente a menudo se tropieza cuando hace de la acumulación de riqueza una prioridad más alta de lo que debía ser. Ese era el problema del mítico Rey Midas. Él ponía el dinero en primer lugar y eso casi le cuesta todo. El filósofo estoico Zenón de Citio dijo: "El hombre avaro es como el terreno árido en el desierto que absorbe toda la lluvia y rocío con avidez, pero no produce hierbas o plantas fructíferas para el beneficio de otros".

> *El dinero no cambia a los hombres, simplemente los desenmascara. Si un hombre es naturalmente egoísta o arrogante o ambicioso, el dinero lo sacará a la vista, eso es todo.*
> (Henry Ford)

En el capítulo 5 mencioné que el dinero no es más que una herramienta. Pero es una herramienta cortante, que si se maneja erradamente puede causar un gran daño. Es por eso que debemos siempre ser extremadamente cuidadosos con nuestras finanzas. Si logramos mantener la actitud adecuada frente al dinero, entonces siempre será una herramienta positiva y útil en lugar de ser una herramienta destructiva. Como P.T. Barnum dijo: "El dinero es un amo terrible, pero un siervo excelente". Para evitar que el dinero se convierta en un amo, te recomiendo lo siguiente:

- **Gánate tu dinero:** la gente que se gana lo que tiene siente más respeto por las posesiones de los demás y, a menudo, intenta obtener más por su dinero, ya que es el fruto de su trabajo.

- **Sé escrupulosamente honesto:** inclínate hacia atrás para asegurarte de que todas las transacciones financieras son, sobre todo, legales, no solo por el bien de los demás, sino también por el bien propio. B.C. Forbes afirma: "Es un hombre sabio quien busca por todos los medios legítimos hacer todo el dinero que pueda honestamente, pues el dinero puede hacer muchas cosas que valen la pena en este mundo, no simplemente por el bien propio sino por los demás. Pero es un tonto absoluto quien, por un momento, se imagina que es más importante hacer dinero que hacerlo honestamente".

- **Sé generoso:** se dice que nos ganamos la vida con lo que conseguimos; pero yo digo que nos ganamos la vida por lo que damos. Dar no solo ayuda a otros, sino que nos libera y, además, pone el dinero en una perspectiva mejor que cualquier otra cosa que podamos hacer.

- **Usa el crédito prudentemente y con moderación:** el Rey Salomón dijo: "los ricos son los amos de los pobres; los deudores son esclavos de sus acreedores". Para mantener tu libertad, abstente de incurrir en deudas.

No hay dignidad tan imponente ni independencia tan importante que vivir con tus propios medios. (Calvin Coolidge)

El Presidente Calvin Coolidge dijo: "no hay dignidad tan imponente ni independencia tan importante que vivir con tus propios medios". Aprender a tener la actitud correcta hacia el dinero y a administrarlo adecuadamente (en lugar de ser manejado por él), prepara el camino para muchas otras victorias de carácter en la vida de una persona.

7. Tu familia es más importante que tu trabajo

La lista de títulos y posiciones que este hombre ha tenido es impresionante: Congresista de los Estados Unidos, embajador ante las Naciones Unidas, Jefe oficial de relaciones en China, cabeza de la CIA, Vicepresidente de los Estados Unidos y, finalmente, Presidente de los Estados Unidos. Pero cuando su vida pública terminó, el anciano George Bush dijo que todavía poseía los tres títulos más importantes que haya tenido jamás: esposo, padre y abuelo. Esa es una gran visión de la familia.

Desafortunadamente, muchas personas en nuestra cultura parecen estar dispuestas a hacer a sus familias a un lado, pues piensan que deben hacerlo para ascender en sus carreras. La tasa de divorcios lo evidencia, así como el hecho de que los padres sin custodia se rehúsan a seguir adelante con sus obligaciones financieras. Cada año, veinte a treinta millones de dólares del dinero de los contribuyentes va para la manutención de niños cuyos padres no quieren mantenerlos financieramente.

Pero, en el largo plazo, hacer de la familia una prioridad no interfiere con tu carrera, por el contrario, es de ayuda. Como dijo el entrenador de la NBA, Pat Riley: "Sostén una familia por un largo periodo de tiempo y podrás sostener el éxito por un largo periodo de tiempo. Primero lo primero. Si tu vida está en orden, puedes hacer lo que desees". Tener una familia fuerte y estable genera una plataforma de lanzamiento para muchos otros éxitos durante la carrera y provee un lugar de aterrizaje satisfactorio al final de la misma.

8. Pon alto valor en las personas

Cuando la mayoría de personas piensan en desarrollar carácter, se enfocan en la persona en que deben convertirse, lo cual es bueno, ya que es la mayor parte del proceso. Pero, para estar preparado y aprovechar oportunidades de oro, se debe hacer algo más. Debes valorar suficientemente a los demás para darles una parte de ti mismo: su confianza. Esa, después de todo, es realmente la esencia de la regla de oro.

En el libro *Winning Management: Six Fail-safe Strategies for Building High–performace Organizations,* Wolf J. Rinke escribió: "Si desconfías de tus empleados, estarás en lo correcto 3% del tiempo. Si confías en ellos hasta que te den una razón para no hacerlo, estarás en lo correcto 97% del tiempo". Son muy buenas probabilidades.

Si desconfías de tus empleados, estarás en lo correcto 3% del tiempo. Si confías en ellos hasta que te den una razón para no hacerlo, estarás en lo correcto 97% del tiempo.
(Wolf. J. Rinke)

Cuando empecé a trabajar en este libro, una de las personas con las que hablé acerca del concepto fue Mike Abrashoff, autor de *It's Your Ship: Management Techniques from the Best Damn Ship in the Navy.* Nos conocimos cuando él habló en una conferencia que mi empresa organizó. Mike es el epítome de una persona que estuvo lista para su oportunidad de oro cuando llegó y alcanzó el éxito mediante la práctica de la regla de oro.

Antes de que Mike fuera comandante por primera vez del *USS Benfold,* ya había tenido éxito. Se había graduado de la Academia Naval de Estados Unidos en Annapolis. Había sobresalido como oficial, llegando al rango de capitán después de 16 años, y había trabajado como asistente militar del Dr. William J. Perry cuando era Secretario de defensa. Pero, cuando Mike tomó el mando del Benfold, se dio cuenta que era la oportunidad para hacer algo diferente, para usar la regla de oro enfocada al liderazgo. Mike dijo:

> Los primeros dieciséis años de mi carrera fui por el herrete dorado y tuve éxito, pero no fue un éxito casual. Los últimos dos años fui por la regla de oro. Tomé el mando de la nave y de mi vida. Antes, trabajaba de acuerdo a lo que pensaba que eran las expectativas de la organización, pero mientas trabajaba para el Secretario de defensa, vi una línea de partida en ese tipo de pensamiento. Cuando vi a mi predecesor abandonar la nave, pensé cómo sería mi partida. La marina es un árbol lleno de monos. Si estás en la cima del árbol, todo lo que ves cuando miras hacia abajo es un montón de caras sonrientes mirándote a ti. ¡Cuando estás en la parte inferior del árbol y miras hacia arriba, tienes una vista completamente diferente!

Mike decidió ponerse en los pantalones de sus marineros. Entrevistó de manera individual a todos los de su nave para conocer qué era lo que ellos valoraban y luego poder hacer los cambios que les aportaran más valor, como, por ejemplo, enviar a los cocineros del barco a una escuela de culinaria y ofrecer cursos universitarios a bordo de la nave. El pidió a sus oficiales tratar a los nuevos como les gustaría que tratasen a sus hijos. Empoderó a todos por igual, oficiales y enlistados, para tomar decisiones y trabajar con el fin de que su nave fuera la mejor de la marina, confiando en ellos y animándolos con las palabras: "Es tu barco".

"Empezaron a suceder cosas buenas cuando comenzaron a guiarse por la regla de oro", dice Mike. "Primero está la gente que la promoción y, como resultado, recibí un pago mil veces mayor". Eso es lo que llamo sacar provecho de una oportunidad dorada.

PREGUNTAS DE DISCUSIÓN

1. En tu negocio, carrera o campo de acción, ¿qué clase de oportunidades busca la gente común? ¿Cuál sería una "oportunidad de oro"? ¿Qué características, en términos de carácter, beneficiarían a alguien que desee sacar provecho de tal oportunidad?

____

____

____

____

2. ¿Cuáles de las ocho características descritas en el capítulo has trabajado más para establecerlas en tu vida?

- Tomar responsabilidad de tus acciones
- Desarrollar disciplina personal
- Conocer tus debilidades
- Alinear tus prioridades con tus valores
- Admitir las malas acciones rápidamente y pedir disculpas
- Tener cuidado extremo con las finanzas
- Poner en primer lugar la familia antes que la carrera
- Darle alto valor a las personas

¿Cómo lo anterior ha beneficiado tu carrera? Explica.

3. ¿Cuáles son tus debilidades? ¿Cómo el reconocerlas te ayudará a protegerte de lapsos éticos? ¿Cuáles debilidades son asunto de carácter y cuáles de talento o experiencia? ¿Cómo puedes alentar a tus colegas o directivos de la organización a compensarte por asuntos de talento?

4. ¿Qué tan transparente y rápido eres para admitir errores? ¿Cómo puedes mejorar?

~

CAPÍTULO

SIETE

~

Cómo desarrollar el "toque del Rey Midas"

Cuando era niño, aprendí acerca de la mitología griega en el colegio. Una de las historias que quedó grabada en mi mente fue la del Rey Midas. Él era rey en la antigua Frigia. Un día, ayudó a un viejo amigo de Dionisio, el rey de las fiestas y el jolgorio, y, como recompensa, le concedió un deseo a Midas. Midas le pidió a Dionisio que pudiera convertir en oro todo lo que él tocara. Cuando su deseo fue efectivo, tocó un árbol y el árbol se convirtió en oro, luego tocó un caballo y se convirtió en oro sólido. En cuestión de minutos, se había convertido en el hombre más rico del mundo.

Sus problemas comenzaron cuando tuvo hambre, se sentó en la mesa del banquete y, cuando cogió un pedazo de carne, este se convirtió en oro sólido. Lo mismo sucedió con el vino que quiso beber. Pero lo peor sucedió cuando su hija lo abrazó: ella instantáneamente se convirtió en una estatua de oro. Al final, Midas le rogó al dios Dionisio que le quitara el poder. Dionisio envió a Midas a la fuente del Río Pactolo, en donde debía tomar un baño con el fin de ser restaurado a la normalidad. Él fue y llevó a su hija consigo y, finalmente, ambos fueron retornados a su estado original. Cuando Midas perdió su habilidad de hacer oro, fue feliz de nuevo.

ORO REAL

Hoy cuando se le dice a alguien que tiene "el toque del Rey Midas", generalmente es un cumplido. Indica que tiene una gran habilidad para hacer dinero. Pero la fijación en la riqueza es tan dañina hoy en día como lo era en la Antigua Grecia. El hombre de negocios y editor estadounidense B.C. Forbes, fundador de la revista *Forbes* expresó:

> ¿Son tus deseos egoístas? ¿Tus gustos están enfocados hacia una casa grande, autos, ropa fina y abundancia de diversiones, etc.? Si es así, mira a tu alrededor a las personas que tienen esas cosas en abundancia. ¿Son ellos más felices que lo que eres? ¿Son mejores personas moralmente hablando? ¿Son más fuertes físicamente? ¿Son más agradables ante sus amigos que lo que tú lo eres frente a los suyos?

Carnegie dijo: "Los millonarios casi nunca sonríen". Eso es esencialmente cierto.

La riqueza verdadera no se encuentra en lo que adquirimos. Como afirmó el clérigo del siglo XIX y abolicionista de la esclavitud, Henry Ward Beecher, "en este mundo no importa lo que tomamos, sino lo que damos, eso es lo que nos hace ricos".

En este mundo no importa lo que tomamos, sino lo que damos, eso es lo que nos hace ricos. (Henry Ward Beecher)

NO ES ORO PARA TONTOS

Yo creo que existe una riqueza que es más valiosa que el dinero y proviene de tu interacción con los demás. Las personas que practican la regla de oro tratan a los demás con dignidad y respeto, y se conforman con saber que viven una vida ética. Sin embargo, es posible llevar la regla de oro a otro nivel. Puedes desarrollar el "toque del Rey Midas" con las personas alejando tu enfoque de ti mismo y de lo que puedes ganar y enfocándote en darle valor a los demás.

Dar es realmente el más alto nivel de la vida. Hace del mundo un mejor lugar y convierte los negocios en mejores negocios. H.E. Steiner afirmó: "Deberíamos tener mejores negocios si todos nos damos cuenta que, mientras vale la pena invertir dinero en diferen-

> *Puedes desarrollar el "toque del Rey Midas" con las personas alejando tu enfoque de ti mismo y de lo que puedes ganar, y enfocándote en darle valor a los demás.*

tes negocios y desarrollar recursos naturales, vale aún más la pena mejorar la humanidad y desarrollar recursos humanos". Si deseas más que una cuenta bancaria llena y deseas ser verdaderamente rico, invirtiendo en la gente, entonces esfuérzate por vivir las siguientes prácticas:

1. Trata a las personas mejor de lo que te tratan a ti

Es fácil amar a quienes lo aman a uno. Y ser amables con las personas que nos tratan bien, no es nada más que simple cortesía. Pero, ¿cómo respondes al mal trato de parte de otros? ¿Pagas irrespeto con irrespeto, agresión con agresión? No se requiere de mucha crueldad para terminar en un conflicto. Echa un vistazo a algunos de estos aparentemente pequeños desacuerdos que se convirtieron en una guerra:

- Una disputa entre las ciudades de Módena y Boloña sobre un cubo de roble hace cerca de 900 años dio inicio a una guerra que devastó a Europa.
- Un emperador chino una vez fue a guerra por el quebramiento de una tetera.

- Suecia y Polonia se pelearon en 1654 debido a que el Rey de Suecia descubrió que su nombre en un despacho oficial había estado seguido de dos etcéteras, mientras que el del Rey de Polonia tenía tres.

- El derramamiento de un vaso de agua sobre el Marqués de Torey condujo a una guerra entre Francia e Inglaterra.

- Al arrojar una piedra al Duque de Guisa, un niño causó la masacre de Vassy y la Guerra de los Treinta Años.

Se requiere una persona de carácter fuerte para tratar a los demás mejor de lo que ellos lo tratan. Martin Luther King Jr., como líder de los Derechos civiles, dijo: "El perdón no es un acto ocasional, es una actitud permanente". Si todos practicáramos la regla de oro, el mundo sería un mejor lugar. Pero piensa qué clase de mundo sería si todos se esforzaran por dar a los demás un mejor trato del que reciben. A eso lo llamo vivir bajo la regla de platino.

Mi padre me enseñó a tomar el camino alto en mi trato hacia otros, aun cuando ellos tomaran el camino bajo en el trato hacia mí. Mi padre fue el presidente de una universidad y recuerdo al miembro de una facultad preguntándole qué pensaba acerca de un hombre que vivía en nuestra comunidad. Mi padre

> *El perdón no es un acto ocasional, es una actitud permanente.*
> (Martin Luther King Jr.)

respondió: "Creo que es un hombre bueno". "Pues deberías oír lo que él dice acerca de ti", dijo el miembro de la facultad, y le describió lo que aquel hombre había dicho de mi padre. ¿Qué tienes que decir acerca de él ahora? Preguntó el miembro de la facultad. "Ya se lo he dicho", dijo mi padre, "creo que es un buen hombre". "¿Incluso después de lo que él dijo de usted?". Mi padre dijo: "Me preguntó lo que pienso de él, no lo que él piensa de mí".

He trabajado toda mi vida para seguir el ejemplo de mi padre, aunque no soy tan bueno como él en la práctica de la regla de platino. Yo trato a todas las personas que conozco con respeto y deseo ser un mejor dador en toda relación. Honestamente, puedo decir que no tengo enemigos, si tengo algún inconveniente con alguien, lo soluciono tan pronto me es posible. Luego, sigo avanzando y no guardo rencores, estos solo se vuelven más pesados a medida que uno los carga.

Intenta tomar el camino alto con las personas, aun cuando estas no te traten con el respeto que crees merecer. Trata de ser amable, en lugar de tratar a la gente con amabilidad. Verás que es muy liberador.

2. Camina la segunda milla

Existe una vieja broma que uso en las conferencias de liderazgo que dice así:

> Aquí les presento algunas estadísticas absolutas e irrefutables que muestran exactamente por qué estás cansado. No hay muchas personas actualmente trabajando como tú piensas, por lo menos no de acuerdo con esta encuesta:
>
> La población de este país es algo mayor a 250.000.000 habitantes. 84.000.000 personas superan los 64 años de edad y están retiradas. Eso nos deja a 166.000.000 de nosotros haciendo todo el trabajo. La población menor a veinte años es de 95.000.000 habitantes. Eso nos deja a 44.000.000 de nosotros para hacer todo el trabajo. 14.000.000 hacen parte de las fuerzas armadas, lo cual nos deja con 30.000.000 habitantes para hacer todo el trabajo. Deduce 20.000.000 habitantes que corresponde al número de personas en oficinas estatales y municipales. Eso nos deja 10.000.000 de habitantes para hacer todo el trabajo. Existen 6.000.000 de personas en los hospitales, instituciones mentales y diferentes asilos. Así que esto nos deja 4.000.000 de habitantes para hacer todo el trabajo. Ahora, puede interesarte saber que hay 3.999.998 personas en cárceles y prisiones, así que eso nos deja a

dos personas para cargar toda la carga. Esos somos tú y yo, ¡y yo estoy listo para irme de vacaciones!

La broma puede ser tonta, pero contiene algo de verdad. Parece haber muchas personas en este mundo que no están haciendo su parte equitativa de trabajo.

Las personas que hacen lo mínimo que deben hacer, jamás alcanzan mucho en la vida para ellas ni para los demás. La presentadora de televisión Oprah Winfrey dice: "dar lo mejor de mí en este momento presente me pone en el mejor lugar para el siguiente momento". Estoy de acuerdo con esto de todo corazón. Es verdad no solamente en el trabajo, sino también cuando se trata de relaciones personales. Es por esto que sugiero que las personas caminen la segunda milla. Describiré lo que quiero decir explicando de donde proviene esa expresión.

Hace 2.000 años, en el Imperio romano, un oficial podía forzar a cualquiera a cargar una carga por una distancia de una milla. Ese era el derecho del oficial y una persona se negaba bajo su propio riesgo. Así que caminar la primera milla era hacer lo que se requería. Yo te recomiendo que no solo hagas eso, sino que te esfuerces y vayas más allá. Ve la milla extra como una

> *Dar lo mejor de mí en este momento presente me pone en el mejor lugar para el siguiente momento.*
> (Oprah Winfrey)

oportunidad de tener un impacto positivo sobre la vida de otros y de dar valor a las personas.

Una persona con la actitud de la segunda milla es alguien que piensa que:

- preocuparse más que otros es sabio
- arriesgarse más que otros es seguro
- soñar más que otros es práctico
- esperar más que otros es posible
- trabajar más que otros es necesario

Como dice mi amigo Zig Ziglar: "no hay problemas de tráfico en la milla extra". Si siempre das más de lo esperado, no solo te levantarás por encima de la multitud, sino que ayudarás a otros a levantarse contigo.

No hay problemas de tráfico en la milla extra.
(Zig Ziglar)

3. Ayuda a quienes no pueden ayudarte

Vivimos en una cultura competitiva. Los negocios están establecidos para aplastar a nuestros competidores. Los equipos deportivos buscan cualquier debilidad en su competencia para poderla explotar con el fin de ganar. Incluso en los *reality shows* muestran cómo la gente lucha contra los demás para ver quién se convierte en el sobreviviente final.

A menudo, podemos definir nuestro éxito como lo bien que estamos por encima de la siguiente persona. Y cuando ayudamos a otros, insistimos en que será también una ganancia para nosotros. Enfrentémoslo: no muy a menudo pensamos como el escritor John Bunyan, quien dijo: "No has vivido hoy exitosamente a menos que hayas hecho algo por alguien que jamás podrá pagarte". Si deseamos vivir en el nivel más alto, eso es lo que debemos hacer.

Uno de mis ejemplos favoritos es la clase de ayuda ocurrida durante los Juegos Olímpicos de invierno en 1964. El más grande tripulante de trineo de carreras, el italiano Eugenio Monti, estaba inscrito para la competencia en trineo con dos tripulantes. El equipo italiano tuvo un buen tiempo durante su primera carrera, así como el equipo británico, cuyo entrenador era Tony Nash. Después de la segunda carrera de Monti, él estaba en primer lugar. Parecía que él y su compañero de carrera ganarían la medalla de oro y los ingleses no los superarían.

Mientras en equipo inglés se preparaba para su segunda y última carrera, ellos hicieron un descubrimiento desmoralizante. Durante la primera carrera, un perno se había roto en su eje trasero y no tenían repuesto. No tenían más alternativa que retirarse. Pero Eugenio Monti, quien esperaba en la parte baja de la colina para medir si su tiempo se mantenía, se enteró de lo sucedido al equipo inglés. Monti removió el perno de su eje y se lo envió a su competidor a la cima de la colina. El equipo de Nash usó el perno, corrió la carrera y ganó la medalla de oro. Monti y su compañero de equipo finalmente terminaron en el tercer lugar.

No has vivido hoy exitosamente a menos que hayas hecho algo por alguien que jamás podrá pagarte.
(John Bunyan)

No había forma de que Nash le pagara a Monti. Y no había forma de que Monti se beneficiara dándole el perno a Nash, pero lo hizo de todas maneras. La crítica en contra de Monti por parte de la prensa italiana fue mordaz. Pero él hizo saber que deseaba ganar solamente si verdaderamente era el mejor. "Tony Dash no ganó porque yo le diera el perno", explico Monti, "Tony Nash ganó por ser el mejor conductor".

Si deseas ayudar a las personas, adopta el lema del evangelista del siglo XIX D. L. Moody quien aconsejó:

Haz todo el bien que puedas
a todas las personas posibles
en todas las formas posibles
por todo el tiempo posible.

Y cuando puedas hacer eso por personas que no pueden hacer nada en retribución, entonces realmente estarás desarrollando el toque del Rey Midas, debido a que estarás dando valor a las vidas de otros.

4. Haz el bien cuando lo normal sería hacer el mal

Si tienes más de treinta años, estoy seguro que recuerdas la Guerra fría entre Estados Unidos y la Unión Soviética. Por más de tres décadas, las relaciones entre los dos gobiernos estuvieron caracterizadas por desconfianza y hostilidad. Cuando Ronald Reagan se convirtió en Presidente de los Estados Unidos, él determinó que quería cambiar la forma de interacción entre las dos superpotencias. Su primer paso fue escribir una carta personal a Leonid Brezhnev, el Primer ministro soviético, pidiéndole encontrar una "paz duradera". Decir que la obertura de Reagan tuvo una recepción fría sería decir poco.

Lo natural para Reagan era darse por vencido en el intento de mejorar las relaciones con los soviéticos. No habría sido el primer presidente en hacerlo. Pero él perseveró. Finalmente, el hielo se derritió y la cortina de hierro cayó. La escritora de discursos de Reagan, Peggy Noonan, lo resumió de esta manera: "Cuando eres fuerte puedes ser "débil". Cuando sabes que eres fuerte, puedes confiar en ti mismo para dar el primer paso, hacer la primera apelación y hacer una petición... Pero cuando temes ser débil o temes que el mundo piense que eres débil, estás más inclinado a hacer el gran *show* de ser "fuerte" y nunca escribir una carta personal pidiendo la paz".

No es fácil hacer el bien cuando hacer el mal es la vía más fácil. Se requiere carácter. Pero las recompensas pueden ser notables, como lo fueron para Reagan. Eso no significa que siempre haya una recompensa, porque no la hay. Pero si haces el mal en lugar del bien, no *debe* haber una recompensa.

5. Cumple tus promesas aunque duela

Charles Brewer, el fundador de MindSpring Enterprises, ha prometido mantener las bases de su compañía. Cuando MindSpring fue fundada en 1993, él incluyó esta afirmación en los valores centrales de la empresa: "Hacemos compromisos con cuidado y luego nos adherimos a ellos. En todos los casos, hacemos lo que dijimos que haríamos". Él creía que, si creaba un ambiente de negocios en donde el cumplimiento de promesas fuera la regla más que la excepción, estaría muy por delante de la competencia.

Brewer es verdaderamente diferente a la competencia. En un estudio dirigido por Dr. Pat Lynch, que fue recientemente publicado en el *Journal of Business Ethics,* Lynch les pidió a más de 700 personas de negocios y estudiantes de negocios calificar sus valores en el sitio de trabajo. Incluyó, además de cumplir promesas, temas como la competencia, la ética de tra-

Hacemos compromisos con cuidado y luego nos adherimos a ellos. En todos los casos, hacemos lo que dijimos que haríamos. (Charles Brewer)

bajo, la antigüedad y la superación de la adversidad. Lynch encontró que el cumplimiento de promesas está en el fondo del listado de las personas. Eso fue común en la encuesta para todos los géneros, experiencias y trasfondos religiosos.

Lo irónico es que el cumplimiento de promesas es la piedra angular de todas las relaciones y es absolutamente esencial para el éxito en los negocios. Joseph Abruzzee, presidente de ventas de CBS Televisión, afirma: "En la venta de tiempo promocional la integridad lo es todo. Cerca del 80% de tu negocio proviene de las mismas personas todos los años, así que la venta se basa en la fortaleza de las relaciones. Al final, el vendedor honesto es quien realmente gana".

¿En dónde dibujas la línea cuando se trata de cumplir promesas? ¿Seguramente no tienes inconvenientes en cumplir una promesa cuando esta es conveniente y qué pasa cuando no lo es? ¿Y qué pasa cuando cumplir la promesa duele? Eso fue lo que hizo Sir Walter Scott. Como muchos sabrán, él es biógrafo, crítico, historiador y poeta. Scott es considerado el padre de la novela histórica y es reconocido por influenciar a novelistas como León Tolstói, Alejandro Dumas, Víctor Hugo, Honoré de Balzac, entre otros.

Scott nació en 1771 en Edimburgo, Escocia. Empezó su vida profesional como abogado después de haber sido aprendiz de su padre, pero pronto empezó a escribir y rápidamente se convirtió en el novelista más popular de su época. En 1808 se convirtió en socio de una compañía editorial, lo que le produjo un ingreso mayor que simplemente entregarle sus obras a otro editor. En 1826, su compañía tuvo problemas financieros y fue declarada en quiebra por otra compañía. La deuda era enorme: 114.000 libras. Scott probablemente pudo haber evadido la responsabilidad por el pago de la deuda declarándose en bancarrota, pero no lo hizo, en cambio, accedió a pagar todo el monto.

Durante los siguientes seis años, Scott, un autor prolifero, escribió montañas de páginas para ganar dinero. Vendió sus derechos de autor. Hizo todo lo que pudo. Al final, recogió 70.000 libras antes de morir. Muchos aseguran que escribió hasta la muerte. Pero en su testamento, dio instrucciones concernientes a cómo vender los trabajos adicionales, de manera que la deuda entera fue cancelada. No solamente no permitió que el dolor lo detuviera de cumplir una promesa, ni siquiera la muerte pudo evitarlo.

Uno no conoce mucha gente como Scott hoy en día. La mayoría de nosotros prefiere hacer lo más fácil en lugar de lo correcto. Pero, si realmente deseamos vivir la regla de oro, entonces haremos lo mejor por seguir su ejemplo.

EL ESTÁNDAR DE ORO

¿En dónde centras tu atención actualmente? ¿Estás tratando de construir una vida de oro? ¿Qué oportunidades estás persiguiendo? ¿Si pudieras aprovecharlas, qué recompensas te traerían? ¿Salud? ¿Ascensos? ¿Reconocimiento? ¿Premios? Pongamos esto en perspectiva. Haz este test:

1. Nombra las cinco personas más adineradas del mundo.
2. Nombra los últimos cinco ganadores del trofeo de Heinsman.
3. Nombra los últimos cinco ganadores del concurso de Señorita América.
4. Nombra diez personas que se hayan ganado el Premio Nobel.
5. Nombra la última media docena de ganadores para el premio de la Academia por mejor actor y actriz.
6. Nombra los ganadores de la Serie mundial de la última década.

¿Qué tan bien te fue? ¿Cuántas respuestas sabías? ¿El 75%? Estas personas y equipos, los mejores en lo que hacen, han logrado mucho. Han demostrado tener el toque mágico en su área de experiencia y han alcanzado gran reconocimiento. ¿Pero qué clase de impacto han tenido? Más específicamente, ¿cuánto impacto han tenido en tu vida? (obviamente no mucho, ya que no logras recordar la mayoría de sus nombres).

Ahora quiero que tomes este otro test:

1. Menciona tres profesores que te inspiraron en el colegio.
2. Menciona tres amigos que te ayudaron en tiempos difíciles.
3. Nombra a cinco personas que te enseñaron algo que vale la pena.
4. Nombra a tres personas que te hicieron sentir apreciado y especial.
5. Nombre a cinco personas con quienes disfrutas compartir.
6. Nombra media docena de héroes cuyas historias te hayan inspirado.

Puede que no obtengas un puntaje de 100% en el segundo test tampoco, pero estoy seguro que tu calificación fue mejor que la primera. ¿Por qué? Porque estas fueron personas que tuvieron el toque del Rey Midas en tu vida. Darte valor fue importante para ellas. Se enfocaron en los demás, no solamente en sobresalir financieramente. Si deseas hacer algo que tenga impacto más allá de tu propia vida, entonces trata a las personas mejor de lo que te tratan a ti, camina la milla extra, ayuda a gente que no puede ayudarte, haz el bien cuando sea natural hacer el mal y cumple tus promesas aunque duela.

Puedes saber cuándo las personas tienen el toque del Rey Midas con otros porque dejan un legado que los revive. Recientemente, mi suegro, Clayton Porter, murió. Cuando mi esposa, Margaret, quien era su hija mayor, y yo asistimos al funeral, ella habló acerca de la vida de su padre. Clayton había sido maestro y había enseñado a miles de niños en todos sus años de servicio. Pero Margaret dijo que sus alumnos más importantes fueron ella y sus hermanas. Clayton les inyectó una fuerte moral y bases éticas, pero también amor y respeto por los demás. Y lo hizo no solo mediante la enseñanza, sino mediante su vida.

Cuando Margaret terminó de hablar, no había un ojo seco en todo el lugar, porque el salón estaba lleno de cientos de personas a quienes él había enseñado, cuyas vidas habían sido cambiadas para mejorar. Es un legado del cual también podrías estar orgulloso.

PREGUNTAS DE DISCUSIÓN

1. ¿Por qué piensas que es difícil para las personas ayudar a otras que no los pueden ayudar, hacer más de lo que se espera de ellas o cumplir promesas?

____

____

____

____

____

2. ¿Ves algún valor en tomar el camino alto sin importar las consecuencias? ¿Cuándo debes tratar a los demás de la misma forma en que te tratan a ti?

____

____

____

____

____

3. ¿En tu negocio o campo laboral, cómo puede el desarrollo del toque de Midas beneficiarte a ti y a los demás?

____

____

____

____

____

4. ¿Cómo tiendes a tratar a la gente? Califícate en una escala de 1 a 10, en donde 10 significa que siempre tratas a los demás mejor de lo que ellos lo hacen y 1 que, frecuentemente, te metes en conflictos menores. Para asegurarte de que te has calificado bien pídele a un colega o a tu esposo o esposa que te califiquen también.

Si te calificaste en un bajo puntaje, entonces observa las siguientes afirmaciones:

- Las personas insignificantes carecen de *perspectiva* en sus vidas.
- Las personas insignificantes carecen de *prioridades* en sus vidas.
- Las personas insignificantes carecen de *pasión* en sus vidas.
- Las personas insignificantes carecen de *progreso* en sus vidas.

¿En qué área podrías estar evitando un mejor trato hacia otros? ¿Cómo se puede crecer en esa área?

CONCLUSIÓN

VE POR LA REGLA DE ORO

Quiero hacerte dos preguntas finales. Primero, ¿qué deseas alcanzar? En otras palabras, ¿qué metas tienes establecidas para ti mismo?, ¿a dónde quieres que tu profesión te lleve?, ¿qué impacto deseas generar? Es bueno pensar en tales cosas, debido a que te ayuda a establecer una dirección para tu vida. La segunda pregunta es: ¿cómo

Creo que existen dos rutas básicas para el éxito que una persona puede elegir. Puedes ir por el oro o puedes ir por la regla de oro.

planeas hacerlo? Esto es importante, debido a que establece el ritmo bajo el cual vivirás. Además, ejerce influencia sobre cómo será tu final.

Creo que existen dos rutas básicas para el éxito que una persona puede elegir. Puedes ir por el oro o puedes ir por la regla de oro. Muchas personas en el mundo han ido tras el oro y aparentemente han alcanzado todo lo que la vida tiene para ofrecerles. Pero las apariencias son, en algunas ocasiones, engañosas.

En 1923, un grupo de hombres se reunieron en el Edgewater Beach Hotel en Chicago. En ese momento, eran unas de las personas más poderosas y ricas de todo el mundo. ¿Qué tan adineradas? ¡Todos ellos controlaban el dinero contenido en el tesoro de los Estados Unidos! Eran capitanes de la industria y gigantes políticos. Habían ido tras el oro y lo habían encontrado. Aquí les presento sus nombres y lo que sucedió con ellos:

- Charles Schwab: presidente de la compañía independiente más grande de acero. Murió en la quiebra.

- Arthur Cutten: el más grande de los especuladores de trigo. Murió en el extranjero, insolvente.
- Richard Witney: presidente de la Bolsa de valores de Nueva York. Murió tras ser liberado de la cárcel de Sing Sing.
- Albert Fall: miembro del gabinete presidencial. Fue perdonado de ir a prisión así que pudo morir en su casa.
- Jess Livermore: el más grande agente de la Bolsa de Wall Street. Cometió suicidio.
- Leon Fraser: presidente del Banco de Pagos Internacionales BPI. Cometió suicidio.
- Ivan Kreuger: presidente del monopolio más grande del mundo. Cometió suicidio.

A menudo, las personas que van tras el oro cambian todo lo demás en su vida por la oportunidad de ganarlo en sus vidas. Pero, luego, pierden todas esas ganancias materiales. Mientras que el éxito a corto plazo puede llegarle a cualquier persona que puso en primer lugar la adquisición de riquezas, tú puedes medir la calidad de sus vidas mirándolos después de varios años. Entonces, será más fácil saber si son como Clayton Porter o Mike Abrashoff, o si son más como Dennis Kozlowski o Robert Torricelli.

Estas son las diferencias entre las personas que van tras el oro y las que van tras la regla de oro:

Personas tras el oro	**Personas tras la Regla de Oro**
Preguntan, ¿qué puedes hacer por mí?	Preguntan, ¿qué puedo hacer por ti?
Toman decisiones convenientes.	Toman decisiones con carácter.
Sacrifican la familia por las finanzas.	Sacrifican las finanzas por la familia.
Desarrollan una justificación para sus acciones.	Desarrollan relaciones con sus acciones.
Poseen una base de pensamiento "yo primero".	Poseen una base de pensamiento "los demás primero".
Cuentan su dinero	Cuentan sus amigos
Basan sus valores en su valor.	Basan su valor en sus valores.

Cuando conoces a alguien que ha escogido continuamente ir tras la regla de oro, ves esa elección en la forma como trata a las personas y en cómo vive su vida. Eso sucedió cuando conocí a Howard Bowen, quien, desde entonces, se ha convertido en un buen amigo. Howard fue el responsable de la construcción de muchas tiendas Kmart cuando la cadena de tiendas por departamentos estaba en la cima de su éxito. Esto lo hizo muy exitoso.

El camino no siempre fue fácil. Cuando Howard trabajaba para poner en marcha su primer contrato con Kmart viajó a la Florida para buscar locaciones. Después de recorrer el área con dos representantes de la corporación, uno de los ejecutivos, que tenía una mala reputación, sugirió que se fueran a un club de desnudistas. Haward tenía un dilema. El negocio que trataba de ganar valía cuarenta millones de dólares y él sabía que, si no se sometía a la petición de este hombre, ponía en riesgo la posibilidad de ganarse el contrato. Pero Howard creía en la regla de oro y sabía que ir a ese club sería una traición contra su esposa.

Howard reunió todo su valor y pidió ser llevado de regreso al hotel antes de que el grupo saliera esa noche. “Lo siento, pero simplemente no puedo hacerlo”, les dijo. “Además, necesito descansar”.

Cuando llegaron a la entrada del hotel, Howard descendió de la camioneta. En ese momento, alguien más de los que estaban con ellos dijo: “Saben, yo también necesito descansar” y salió de la camioneta también. Luego, otro. Al final, nadie salió esa noche. Más tarde, el ejecutivo que había hecho la sugerencia original le dijo a Howard: “No tiene idea de cuánto lo respeto”. Además, le adjudicó el contrato a Howard. ¿Una persona que siempre mantiene su integridad es siempre recompensada de esa manera? Por supuesto que no. ¿Pero y si Howard hubiera comprometido su ética y aun así no hubiera ganado el contrato? Entonces no habría obtenido ganancias y habría perdido su dignidad.

Howard tuvo que tomar decisiones difíciles en los comienzos de su carrera, como en la ocasión en la que un contratista de acero le pidió su pago antes de terminar su trabajo, debido a que tenía problemas de dinero. A menudo, eso es algo riesgoso. Pero Howard se preguntó a sí mismo: "¿cómo me gustaría ser tratado en esta situación?". Decidió que era lo correcto y le pagó al contratista. Después de muchos años, los dos hombres terminaron haciendo muchos trabajos juntos.

Lo más interesante es que, una década después, Howard estaba construyendo su casa y necesitaba hacer algunos trabajos con acero en la estructura. Fue en el momento en que el negocio de la construcción estaba en la cima y nadie quería dejar de trabajar en proyectos lucrativos para hacer un trabajo pequeño como el que necesitaba Howard en su casa. Pero este viejo amigo contratista, inmediatamente, puso sus demás trabajos en espera para ayudar a Howard. Y le explicó porque lo hacía: "¿recuerdas el primer trabajo que hice para ti? Tú me ayudaste cuando tuve problemas de dinero, nunca lo olvidaré. Estoy muy agradecido de poder hacer algo para ayudarte".

Howard no había pensado en eso durante diez años. En esa época, simplemente hizo lo que era correcto. Es algo maravilloso vivir de acuerdo con la regla de oro. Si las personas van por el oro tienen mucha suerte y obtienen algo de él. Pero aquellos que van tras la regla de oro no solo tienen la oportunidad de alcanzar riqueza monetaria, sino de recibir otros beneficios que el dinero no puede comprar. ¡La gente que vive bajo la regla de oro se da la oportunidad de tenerlo todo!